# 僕がフルリモートで会社を経営する理由

# はじめに

社員が自ら積極的に考えて動く自走型組織――。経営者であれば誰しもがそのような組織をつくることを望んでいるはずです。

社員が現場で自ら考えて行動する自走型組織が実現できれば、社員の自主性が育ち、それによって新しいアイデアの創出も期待できます。また、社員が自ら現場の課題を見つけ、改善策を実行するようになれば、経営者は現場の問題に追われず、会社の戦略を考えることだけに注力できるようになります。

しかし実現するのはそう簡単なことではありません。上からの指示に従う習慣がついてしまった組織は、なかなか自らの判断で動くことができないのです。経営者自身、自走型組織が良いと頭では分かっていても、〝指示待ちの社員〟から〝自走する社員〟へと変えるベストな解決策があるわけでもありません。結局は今までどおり経営者自身が現場に口を出し、結果として、社員の自主性がさらに失われるという悪循環に陥ってしまうのです。

私は兵庫県明石市で機械装置やプラント設備の開発設計、製作、据付を行う会社を経営しています。もともとはプログラマーで、ものづくりの経験はなく製造業のことも分からなかったのですが、家業を手伝うために父が社長を務めていた会社に入社し、その後、子会社の社長に就任して現在に至ります。

社長就任当時、この子会社は先代社長の指示で動く典型的なトップダウンの会社で、社員はいわゆる指示待ち状態でした。ものづくりのことが何も分からない社長の私に、備品一つ購入するのにも判断を求めてきたほどです。

このままではいつまで経っても細かいことにまで指示を出さなければならず、会社や社員の成長につながらない――そう危惧した私は、現場で判断できることは現場の社員が自ら判断し、主体的かつ迅速に行動する組織づくりに、思い切って舵《かじ》を切ることにしました。

実現するための方法論として、私が選択したのは「社長の在宅フルリモート」です。社長と社員の距離を物理的におくことで、社員自らが現場で判断せざるを得ない環境をつくったのです。「現場」に出向き「現物」を基にして「現実」を認識する三現主義の考え方が浸透している製造業において、この社長が在宅フルリモートで働くスタイルは社員に大きなインパクトを与え、社員が会社を背負っているという意識の変化につながりました。

しかし、社長の働き方を在宅フルリモートに変更するだけで自走組織ができるわけではありません。組織としての一体感を生み、統率を執るための共通の判断基準が必要になります。

そこで私は経営理念を刷新し、行動指針をつくりました。社員が自分自身の考え方に沿って動けるように、考え方や物事のとらえ方における絶対的な土台・柱・信念となるための判断基準をつくったのです。

始めた当初はこうした試みがなかなか浸透せず、社員から戸惑いの反応もありましたが、数年にわたって根気よく続けるなかでお互いの理解も進み、完成度の高い自走組織ができたと自負しています。

本書はこれまでの経験を基に、経営者が「会社を自動運転」するための方法とその効果をまとめました。「社長の在宅フルリモート」をはじめ、私自身が自分の会社で取り組むなかでの試行錯誤も赤裸々にまとめています。本書が企業経営や組織づくりに悩む人たちの一助になることを、心から願っています。

# 僕がフルリモートで会社を経営する理由　目次

## ［第2章］ 現場が社長と同じ方向を向いていれば、会社はぶれない

### 理念と行動指針を浸透させ現場のことは現場に任せる

［第1章］

# リモートワークを中心に働き方の多様化が進む現代組織の自走化を目指すメーカー経営者が選んだ「在宅社長業《フルリモートプレジデント》」の道

## 社長が出社しない会社

日本でリモートワークが本格的に浸透し始めたのはコロナ禍の2020年です。新型コロナウイルスの感染拡大に伴い、出社に制限がかかるなか、多くの企業は急速にリモートワーク体制の整備を進める必要に迫られ、オフィスでの業務からオンライン環境へシフトしました。これにより、働く場所に対する企業の考え方が大きく変化し、多様な働き方を可能にする流れが広がったのです。リモートワークの流行により、労働生産性やコミュニケーション方法など新たな課題が生まれる一方で、その利点も広く認識されるようになりました。

特にリモートワークの導入が進んだのはＩＴ関係の企業、もしくは多様な働き方を採り入れることに意欲的なスタートアップ企業です。これらの企業には、もともと技術を駆使して効率的に業務を進める文化があり、従来オンラインツールやデジタルな仕組みを活用した柔軟な働き方が浸透していました。

そのため、オフィス外でも業務のスムーズな遂行が可能であり、経営者や役員もリモートで指示を出す、もしくは報告を受けながら迅速に意思決定を行える体制が整っていたのです。

リモートワークで注目される経営者として、IT大手サイボウズの青野慶久社長や「フルリモート経営」を掲げて創業した人材派遣事業キャスターの中川祥太社長が挙げられるのも、ITの利便性を活かした柔軟な働き方が根付いている業界だからこそといえます。

一方で、私が経営する会社はものづくり業界に属しており、各種プラントの配管設計・製作やシールド掘削《くっさく》後の接続設備などの産業機械・装置の設計・製作・据付といったことを生業にしています。

一般的にものづくり業界の経営者は、日々工場や現場に顔を出し、社員と直接対話しながら経営を行うことが多いものです。現場での迅速な指示出しや、工場でのトラブル対応が必要な場面もあり、経営者がオフィスに常駐し、すぐに駆けつけられる体制が理想とされています。

私もリモートワークをしているため、取引先や他のものづくり企業の経営者から「社長が会社にいないなんて考えられない」と言われることが少なくありません。

しかし、実は私はコロナ禍以前の2017年からリモートワークを取り入れ、社長業務のすべてを自宅で行っています。私がリモートワークに踏み切ったのは、経営者としての役割を果たすのに最適な働き方を模索した結果です。どうすれば組織に新たな風を吹き込み、社員の働き方や会社全体の在り方を見直すことができるかを基準に選択した結果、リモートワークを実践する形となったのです。

## 組織を改革したいとの想いからフルリモートへ

私が在宅フルリモートという働き方をするのに至ったのは、父が経営していた会社を手伝うことになったことがきっかけです。父の会社は建設機械用の油圧配管や部品を製造していました。それまで私はシステム会社でプログラマーとして働いていましたが、2010年に父に請われて親会社に入社しました。その後、設計・製作を一括して行う子会社の社長を父から受け継ぎました。

私にとって社長への就任は、決して簡単な決断ではありませんでした。父から引き継いだ会社は、社員と前の社長のコミュニケーションがうまくいっておらず、社員の自主性も乏しく、新たなことに挑戦する機会も多くはありませんでした。社員とのコミュニケーションがうまくいっていないと、組織の活力が失われ、業績にも影響を及ぼします。

私はこのような状況を変えたいという想いから、まず「社員とのコミュニケーションの改善」に取り組むことにしました。父が社長の時代、デジタルツールはあまり使っていませんでしたが、今はテクノロジーが進化してChatworkやSlack、Teamsなど、多くのビジネス向けチャットツールがあります。私はコミュニケーション改善のために、２０１８年に試しにチャットツールを導入してみました。「チャット」というツールがもつ柔軟性に着目したのです。

チャットは時間や場所に縛られず、社員とのやり取りができます。導入当初、社員たちはその有効性に半信半疑でしたが、ほどなくしてその効果は表れました。社員間のコミュニケーションが活発化し、情報共有のスピードが向上したのです。

会話の記録が残ることでプロジェクトの進捗や議論の要点を全員が共有できるようにな

りました。また、社長と管理職、社長と社員とのコミュニケーションも対面よりも自由に行うことができ、互いの考えが理解しやすくなり意見交換も活発になりました。チャットツールの導入は、相互理解を深めコミュニケーションを改善し、組織の活力向上につながったのです。

そこで私はさらに改革を進める決意をしました。社長が指示命令を出さなくても社員一人ひとりが自ら考え、行動を起こす組織づくりに舵を切ることにしたのです。それがリモートワークの実践です。

父が社長だった頃、社員は常に社長の指示に従って業務を進めており、自分で考えて決断することは求められていませんでした。その結果、社員は自主性が乏しくなり、社長も社員に仕事を進めさせるために、常に会社に出向き指示を出し続けるという悪循環に陥っていました。仕事で必要な備品を購入する際にも社長の承認が必要な有り様だったのです。

この悪循環を断ち切り、社員が自分で考えて行動できる組織へと変革するためには、私が指示を出すのをやめるだけでは実現できません。「何かあれば社長に確認する」というのは、もはや習慣となっていたからです。そのため社員が自分で判断できるようにするには、私が物理的に不在となり、社長への依存を減らす必要がありました。こうした理由から、私はリモートワークを導入することを決意したのです。

しかしリモートワークを始めるといっても、いきなり毎日会社に出社せずフルリモートを始めたわけではありません。

当初は週に数日といった程度から始め、社員に自主的な決断と行動を促していきました。

もちろんリモートワークの開始当初は、社員には戸惑いがありました。「社長が不在のなかでどう決断すればいいのか」「重要な判断を間違えたらどうするのか」といった不安は抱えていたといいます。

当時、リモートワークを取り入れる経営者はまだ少数派であり、特に社長業をリモートで行うことは異例なことでした。父からも、「社長なのに出社しないのはあり得ない」と猛反対を受けました。

しかし、私はあえて現場に裁量権を与え、現場の判断を尊重する姿勢を貫きました。社員に「自分たちが会社の運営に関与している」という自覚をもたせるためです。

すると、少しずつ社員に変化が表れ、自ら判断し動こうとする姿勢が見られるようになりました。とはいえ数日でも社長が出社していると社員には心のどこかで私に頼ってしまうところがあったため、私が完全に出社しなければ社員はさらに自分で考えて行動するようになり組織の自走化が進むはずだと考えました。こうして私は在宅フルリモートワークに踏み切ったのです。

## 在宅で報告を受け取り現場のことは現場に任せる

私のリモートワークにより社員たちは徐々に現場で判断することの重要性を理解し、そのための情報を集め、分析し、チームとして動くようになりました。

私も、必要なときにはオンラインミーティングやチャットを通じてアドバイスを行う一方、細かい指示を控えることで、社員の自主性を育てることを意識しました。

社員が社長の指示や判断を求めてきても、私は基本的に社員の判断に任せることにしています。現場に裁量権を与えており、現場のことは現場で決めていいことにしているのです。現場のことは彼らがいちばんよく分かっているので、私よりも的確な判断が下せるはずです。

しかし、社員に判断を任すにしても、判断するための材料が必要です。そのため私の会社では基本的に情報を可能な限りオープンにしており、全社で共有できるシステムを構築しています。また、判断基準の根底にもなる経営理念の浸透にも力を入れています。情報の共有は拠点が複数箇所あり社員が分散していることから推進したものですが、ほとんどの情報に社員がアクセスできるので意思決定に活用することもできるというわけです。

社員がどのような決断を下しても、明らかに経営が傾くような決断ではない限り、私は再考を促したりするようなことはしません。思っていたことと多少異なることであっても、基本的には受け入れるようにしています。受け入れず否定してしまうと、社員は結局、社長の意思がすべてと思ってしまい、自ら意思決定をして行動に移すことをしなくなるからです。

社員たちが自分で考え、自ら決断できるようになると、組織全体の雰囲気が変わり始めました。会社は私の在宅フルリモートによって、徐々に自走組織へと生まれ変わっていったのです。


私はこの経験を通じて、社長業ほどリモートワークが向いているものはないことを実感しました。リモートワークは物理的に社員から距離を取ることで、彼らが自ら動く必要性を生み出し、自主性を育む環境をつくり出します。多くの人は、社長が常にオフィスにいて現場を監督することが必要だと考えると思います。しかし、逆に社長が一歩引くことで、社員が主体的に動き、組織全体が活性化するのです。結果として、リモートワークを通じて社員が自信をもって判断し、行動する文化が生まれました。社内の意識改革につながったのです。

社員たちは最初こそ不安を抱えていましたが、今では自分たちの判断力に自信をもち、私に依存せずに動く力を身につけています。

## 社員の「声」が以前より届くようになった

現在のように在宅フルリモートワークに切り替えてから、私が質問を受けたり判断を求められたりする機会はめっきり減りました。社員自身が各自で判断し行動するようになったのです。社員の決断に対して疑問を感じたこともありません。

このようになったのは、在宅リモートワークにシフトしてから2年ほど経った頃です。リモートワークへの移行だけでなく、社長就任以来、社員に自ら考えて行動することを促してきたことや、経営理念の浸透が功を奏した結果だと私は考えています。

在宅フルリモートワークになってから、社員と直接コミュニケーションを取るときは導入したチャットツールを活用していますが、私は普段、直接話すことがない社員とも積極的にコンタクトをとっています。

あまり話したことのない社員とチャット上で会話していたとき、話が弾んで別のテーマに及び、さらにまた別のテーマへと次々と話が展開していったことがあります。

この出来事は、フルリモートワークになったことで、社員が物理的な距離を意識せずに意見を発信できるようになり、結果として社員の声が以前よりも届きやすくなったことを実感させるものでした。フルリモートにより社員はこれまでよりも自由に考えを伝える場が増え、私に対して気軽に意見や提案を共有できるようになったのです。

社員はオフィス内での上下関係や周囲の目を気にすることなくチャットを使って発言できるので、これまで発信していなかった考えやアイデアが表に出てくるようになりました。私自身も自分の考えに対して、社員からの意見やフィードバックを迅速に受け取ることができるようになりました。

私の会社では年に一度全社集会を行い、その年ごとにテーマを決めて社員に向けて話をしています。以前は私の話を社員はただ聞いているだけだったのですが、2024年の全社集会では会の終了後に私の話に対して社員から質問が多数寄せられ、積極的な様子に驚かされました。

在宅フルリモートワークに切り替えてから、会社全体の連携は確実に強化されています。社員との距離が縮まり、より深い信頼関係が築かれていると感じています。

社長のリモートワークは、まさに組織を活性化させ、自走する組織につくり替える理想的な働き方なのです。

［第2章］

# 現場が社長と同じ方向を向いていれば、会社はぶれない<br>理念と行動指針を浸透させ現場のことは現場に任せる

## 経営理念をつくることにした理由

社長業のリモートワークを進め、社員が自ら考え判断する組織づくりを始めるにあたって、私が最初に取り組んだのは、経営理念をつくることでした。

社員が各自で判断をするには、判断基準となる土台が必要です。社員がどのような状況でも自分で考え、迷うことなく行動できるようになるためには、全員が同じ方向を向き、共通の基準をもつことが欠かせません。そこで私は、社員一人ひとりが一貫した判断をできるようにするための「よりどころ」として、経営理念を共有することが重要だと考えたのです。

この経営理念は、社員だけではなく、経営者である私自身にとっても重要な指針であり、常にそれに基づいて行動することが求められます。そして、社長に就任してから約1年半後の2017年1月、私は経営理念を制定しました。

経営理念とは、会社のトップに立つ者の理念です。経営者は、自分が信じるものや絶対的な土台・柱といった理念を基にして判断していくのが本来の姿になります。社内をまとめるためには、社員にもこの理念どおりに動いてもらうことが大切です。

私は経営理念をつくった経験がなく、どのようにしてつくるのかも知りませんでした。2016年10月頃から本格的に経営理念づくりに取り掛かり、まずは経営理念のつくり方について書かれた本を片っ端から読み始めました。

しかし、どの本を読んでも内容にはまったく共感できませんでした。なかには「儒教を基に考えましょう」というものもありました。儒教でいわれていることを現代の言葉に置き換えて経営理念にするというものですが、抽象的で実務に即した具体性が感じられず、私の会社の現状にどう役立てればよいのかが見えてきませんでした。

他社の経営理念も参考にしましたが、それが意味することをまったく理解することができませんでした。それをいわれても「じゃあどうすればいいの?」という感覚になるものばかりだったのです。どういう行動を取ればいいのか、どういうふうに考えればいいのかが伝わってきません。

## 経営理念とは何か

「理念」という言葉の辞書的な意味は「根底にある考え方」です。したがって、経営理念は社長が決める会社での根本的な考え方であり、社長が当たり前だと思うことです。だからといって行動を縛っていいものではありません。

他社の経営理念を見て思ったことが、本心で言っているとは思えないものがあることです。具体的には「社員とその家族の幸せを考えます」といったことを経営理念に掲げているところがありますが、これは私から見たらできないことです。

会社は社員の幸せは考えます。しかし、社員の家族の幸せまでは考えられないと思っています。それは社員の家族のことは知らないからです。知らない人の幸せまでは考えられるはずもありません。社員の家族の幸せは社員が考えるものです。

無理なこと、できないことを経営理念に掲げるのは嘘をつくことと同じです。よく考えてみると、仮に社員の家族が病気になったとしたら、会社はその人のために何ができて、何をすべきかなどの疑問がわきます。社員の家族の幸せを考えるということは、そういうときに直接的な支援をすることですが、それは現実的ではありません。

意味を考えなければならないのが経営理念だとしたら、そんなものはつくりません。経営理念は社員に理解してもらわないとならないものです。まずはつくる人が理解できるものである必要があります。しかし、つくる人が理解できないもの、社員のとらえ方によって見解がばらついてしまうような経営理念は、私はつくる必要はないと思っています。

## 目的と必要からつくる共通の判断基準

経営理念のつくり方について書かれた本や他社の経営理念から学べたことは、それらが参考にはならないということです。経営理念は単なるノウハウや形式でつくれるものではなく、表面的な言葉や儒教から借りた格好だけのものでは意味がありません。何よりも大切なのは、まずはつくる本人が自分の本心を書くこと、そしてそれが社員の心に響き、共に共有できるものでなければならないということです。

そこで、私は「自分の言葉で伝えること」「嘘をつかずに思ったことを正直に書くこと」、そして何より「社員が理解しやすいこと」を大切にしようと決めました。難解な表現や抽象的な理念ではなく、社員全員が読み、すぐに意味が分かるものにしたかったのです。こうして経営理念の制定に踏み切り、分かりやすい言葉で、誰もが納得できる内容を心がけました。

私の掲げる経営理念は「我が社は業務を通じて社会貢献するとともに社員が成長できる環境を創造する」です。最初に「社会貢献」を掲げたのは、製造業が世のためにものをつくり、社会に貢献することを根幹の使命と考えているからです。製造業に携わる者として、日々の仕事が社会的価値を生むものだと信じています。これにより、社員全員が仕事を通して社会貢献の意識をもち、社会の役に立っているという誇りを感じながら働ける環境を目指しています。

次に「社員が成長できる環境」を挙げています。社員は人生の多くの時間を会社で過ごします。その会社が社員の成長を促し、自己実現を応援する場であるべきだと考えたのです。会社が個々の社員の成長に対して真摯に向き合うことが、組織の活力を生むと私は思います。成長の機会がなければ、仕事は単なる作業と化し、働く意義や誇りが失われます。だからこそ、社員が会社で成長を実感できる環境をつくることが重要だと考えこの言葉を入れました。

「環境の創造」については、これは社長としての自分の役割だという思いから入れています。社長は組織の風土や環境づくりを担うべき存在であり、社員が自分自身のペースで能力を発揮できるようにサポートする責任があります。「社員が成長しやすい環境を整える」ということが、社長としての役割であり、果たすべき大きな責任だと考えています。

経営理念はこのほか自分が会社を経営するうえで信条にしている、「会社存在意義」「社員存在意義」「行動指針」の3つも掲げています。

## 会社の存在意義

私が社長に就任してから、特に意識して考えるようになったことの一つが、会社が存在することの意義です。私自身、経営者として「これからも会社が存続できるようにする」と言うことが多いですが、そもそもなぜ存続させなければならないのか、その根本的な理由を明確にしていませんでした。単に会社を続けることが目的なのではなく、何のために、どんな価値をもって会社を続けるのか、その意味をはっきりさせる必要があると感じたのです。

例えば、ただ「ものをつくることができればいい」と考えた場合、それは必ずしも私の会社である必要はないのではないかという疑問が生じます。ほかにも同じことができる人や企業がいるならば、無理に自分の会社が存続しなくても、ほかがつくってくれれば十分なのではないかと考えることもあります。このような疑問に突き当たると、会社という組織を維持し、存続させることに本当に意味があるのだろうかという問いが浮かんできます。

会社が存在する意味や目的は、実は会社ごとに異なり、地域性や業界特性、顧客のニーズといったさまざまな要素が関わってきます。そのため、一般的な答えや正解はなく、経営者が自分自身で考え、明確にしていくことが求められます。そこで私は、自分の会社が存在する意味を経営理念に盛り込み、「会社存在意義」として明示しました。それが、社員満足、顧客満足、そして社会貢献です。これらが会社が存続する理由であり、社員が働く価値を感じ、顧客に信頼され、社会に必要とされる会社であり続けるための土台となるものです。

## ①社員満足

社員満足のために掲げているのは、「利益を出し雇用不安をなくす」「仕事を通じて成長する環境」「社会環境に応じた業務環境」の3つです。

まず、「利益を出し雇用不安をなくす」についてですが、これは社員が安心して働き続けられるために欠かせないものです。会社が安定して利益を上げることで、社員の雇用が守られ、将来の不安が軽減されます。安心できる職場であることは、社員が仕事に集中し、力を発揮するためには欠かせません。

次は「仕事を通じて成長する環境」についてです。社員は会社で多くの時間を過ごすので、その時間をただの「作業時間」として過ごすのではなく、自身の成長を実感できる場にしたいと考えています。成長の実感がなければ、仕事は単調で「つまらないもの」になってしまいます。社員が成長を実感しながら働ける環境を提供することが、会社としての大切な役割だと考えています。

特徴的なのが、「社会環境に応じた業務環境」です。私の会社がある兵庫県明石市は地方都市であり、社員には親の介護のために地元に戻ってきた人やシングルマザーなど、さまざまな背景をもつ人がいます。そこで、社員一人ひとりの生活環境やプライベートな事情に合わせて柔軟な働き方を提供し、業務環境もその都度見直すようにしています。

例えば、社員のプライベートで抱えている事情について相談を受けた場合、会社の規則にとらわれず、最善のサポートができるよう努めています。社員が仕事と生活の両方を大切にしながら働ける環境を目指し、会社の規則に縛られるのではなく、社員の状況を優先する姿勢を貫いています。どうしても解決が難しい場合はやむを得ませんが、「規則だから」と一蹴することはありません。

社員が安心して話ができるよう、会社側からも許容できることを明確に伝えるようにしています。例えば、「定時の時間をずらしてもよい」「1日8時間働かなくてもいい」といった柔軟な対応ができることをオープンにしています。これによって、話すことを控えていたプライベートな事情も相談してもらいやすくなり、社員が自身の課題を会社と一緒に解決できる環境を整えています。実際に、宗教上の理由で勤務時間中にお祈りをしたいと相談をしてきた社員もおり、現在では1時間だけ会社を抜けてお祈りに行くことを許可しています。

私としては、社員がプライベートなことで会社に相談してくれることをとても嬉しく思っています。管理課がその窓口となって相談を受けるたびに、経営理念が社員にしっかり理解され、日常のなかに浸透していることを感じるからです。

## ②顧客満足

顧客満足を達成するために掲げているのは、「顧客にとって価値ある商品提供」と「問題解決案の提案」という2つの目標です。

まず「顧客にとって価値ある商品提供」とは、ただ製品をつくるのではなく、顧客にとって本当に役立つものを提供することを意味しています。私たちが目指すのは、顧客の期待を超える価値を商品に込め、顧客のニーズに応えるだけでなく、その先にある可能性まで見据えた提案ができることです。これにより、単なる受注生産ではなく、顧客の事業に貢献できるパートナーとしての役割を果たすことができます。

次に、「問題解決案の提案」です。私の会社では、同じものを繰り返し生産するのではなく、常に新しい製品をつくっています。これにより、私たちも顧客も、プロジェクトごとに新しい課題や問題に直面することが多くあります。例えば、製品の特殊な要件に合わせて設計変更を行う必要があったり、新しい技術を取り入れる過程で想定外の問題が発生したりすることもあります。

このような初めての問題に直面するのは、私たちだけでなく顧客にとっても同じです。こうした「未知の問題」に対し、私たちは単に指示を待つのではなく、積極的に問題を把握し、解決策を提案していきます。顧客が困っているときに一歩先を見据えた提案をすることで、私たちは製品の提供だけでなく、顧客の課題解決に貢献し、長期的な信頼関係を築いていきたいと考えています。

この姿勢が私たちにとって価値のある仕事であり、顧客にとっても頼れる存在となるために欠かせないことだと感じています。

### ③ 社会貢献

社会貢献のために掲げた目標には「法令を守る」「製作物の存在意義を知る」「世の中へどう役立っているかを知る」という3つのポイントがあります。

最初の「法令を守る」は、非常に基本的なことのように思えますが、それをあえて理念に掲げました。それは、法令を守ることが当たり前だと思っていない人が実際にいるからです。法令を守らないことは社会への無責任な態度であり、企業が信頼される存在であるために、法令を確実に守ることは欠かせません。「知らなかった」という言い訳は通用しないのです。

法令を絶対に守るためには、まず法令を知る努力が必要です。そのため、私たちの会社では法令を定期的に確認し、遵守するための教育も行っています。知ろうとしない態度はあってはならず、さらには知っていながら守らないなどもってのほかです。法令を軽んじるのは、企業としての責任放棄にほかなりません。

次の「製作物の存在意義を知る」と「世の中へどう役立っているかを知る」についても、重要な理念です。私たちの会社が製作するものは、顧客の機械や装置の一部であり、その用途を見ただけでは簡単に理解できないことも多いです。以前は、図面どおりにつくればそれで仕事が終わりと考え、完成品がどのように使われるのかに関心をもたずに出荷してしまうことがありました。

「何をつくっているのか」「なぜその製品が必要なのか」を知ることなく、ただ図面を見てつくるだけでは、仕事への姿勢が変わりません。職人気質の社員が、「自分の仕事は製造だけだ」ととらえ、製品の本来の役割に目を向けないこともあります。しかし、私は製品の目的を理解することが大切だと考えています。例えば、配管の中を何が通るのかを知るだけでも、製造への緊張感が変わってくるからです。

私の会社では、配管に毒性の高い水銀が通る製品をつくることもあります。水銀のような危険物が通る配管を製作するとなれば、慎重さや品質管理の厳密さが求められます。中を通るものの危険性やその用途を理解すれば、それを納品先で問題なく使用してもらうために細心の注意を払うのは自然なことです。

私は祖父の残した「配管は人間の血管である」という言葉を大切にしています。配管が漏れたり破れたりすれば、その機械装置全体が止まってしまうため、私たちはグループ全体で配管の漏れに神経を使ってきました。製作物の存在意義を知り、中に通るものを理解することで、「漏れは絶対に許されない」という意識が生まれ、品質にも細やかに気を配ることができるのです。

現在、製造に取りかかる前に、配管の中を何が通り、どういった役割を果たすのかなど、作業者に説明する体制を整えています。経営会議でも「この製品がどのように使われるのか」を尋ねるようにしていますが、管理職でも十分に説明できない場合があり、まだ徹底しきれていないのが現状です。今後も社員全員にこの理念が浸透するように努め、製作物の価値を全員が理解して社会貢献に取り組む体制を目指していきます。

## 社員の存在意義

人は社会に出て、30年や40年という長い時間を働き続けることが一般的です。その間に会社で働きながら、「なぜ自分はこの会社で働いているのだろうか」「なぜこの仕事を続けているのか」と自問する瞬間が訪れるのは自然なことです。しかし、こうした疑問は自分の存在意義に関わる重いテーマでありながら、答えを見つけることが容易ではありません。考えれば考えるほど明確な答えが出ず、堂々巡りになり、むしろ自分を苦しめてしまうこともあります。

私は、社員がこのような悩みにとらわれず、日々の業務に集中できるように「社員の存在意義」としての指針を会社で用意しました。それが「必要とされる」「役に立つ」「感謝される」という3つです。社員一人ひとりが、この3つを実感しながら働くことで、仕事に対する誇りとやりがいを見出しやすくなり、心の中に明確な自分の存在意義が生まれると考えています。

会社存在意義と比べると表現はシンプルですが、実際には同じくらい重要な内容です。

どれも社員が業務に真摯に取り組むうえで欠かせない基盤であり、誰もが安心して自分の役割を果たすための指針として位置づけています。

### ① 必要とされる

社員が職場で必要とされるという実感は、仕事における大きな支えとなります。ここでいう「必要とされる」とは、ただ業務を担うだけでなく、個人として名前を呼ばれ、信頼される存在であることです。名前を呼ばれることで、人は自分が職場に不可欠な存在だと感じ、業務に対する意欲がさらに高まります。

### ② 役に立つ

社員がその知識や技術を発揮し、会社や同僚に貢献できることもまた、存在意義の一つです。自分が知っていることやできることを仕事に活かすことで、実際に職場の役に立っていると実感できるのです。この意識をもつことが、社員にとっても充実感や達成感につながります。私たちの会社にとっても、社員のもつスキルや知識は貴重な財産です。

### ③ 感謝される

最後に「感謝される」ことが挙げられます。人は必要とされ、役に立っていると実感できたとき、その結果についての評価を求めるようになるものです。それが「感謝される」という形で返ってくることが、仕事における大きな喜びと励みになります。

しかし自分から「ありがとうと言ってください」とは言えません。だから誰かが役に立ってくれたとき「ありがとう」と言うようにします。そうすることで「ありがとう」と言ってくれる人は増えていきます。社内で誰かに「ありがとう」と言うことで自分に「ありがとう」と言ってくれる人が増えるというサイクルが循環するようになります。「ありがとう」の言葉は、経営理念をつくってから本当によく聞くようになりました。

## 行動指針

会社のなかで社員がどう振る舞い、どのような行動を取るべきかを示したものが「行動指針」です。これは、問題が発生した際に、社員それぞれが正反対の方向に向かってしまうことを防ぐためにつくりました。ベクトルがバラバラでは組織の一体感が失われ、必要な技術を発揮できず、仕事が滞る原因になってしまいます。特にものづくり企業では、技術と協力体制が何より大切ですから、問題解決に向かって皆のベクトルが同じ方向に向くよう、行動指針を定めたのです。

この行動指針には、経営者として社員に求める姿勢や考え方が反映されており、私のなかにある「会社を良い方向に導きたい」という信念が込められています。その信念とは、私が個人的に大切にしている次の7つです。

心身健康
礼儀作法
素直な感情表現
気遣いの心
未来志向

## 納得

## 不平等の受け入れ

このなかには、私自身の性格や価値観が色濃く反映されているものが2つあります。その1つが「礼儀作法」です。とはいえ、礼儀作法には少し複雑な思いもあります。私自身の経験から、礼儀をわきまえているつもりでも、相手の受け取り方によっては怒られることもあるため、単に「正しい」とされる行動が必ずしも礼儀作法として評価されるわけではないと感じるようになりました。

例えば、社会人の常識としてよくいわれる「5分前行動」というものがあります。システム会社で働いていた頃、約束の時間が10時だったため、その5分前の9時55分に取引先を訪問しました。しかし、相手はその早い訪問を不快に感じ、約束の時間を守っていないと厳しく叱責されたことがあります。一方で、約束の時間ピッタリに訪問した際には、今度は「なぜ5分前行動をしないのか」と指摘を受けたこともありました。社会では「5分前行動が常識」とされている一方、相手の価値観や状況によって「礼儀」が異なることを痛感した出来事でした。

この経験を通じて、私は礼儀作法とは一律に決まったルールを守ることではなく、相手の考えや状況を理解し、そのうえで行動することが大切だと感じるようになりました。本を読んで知識として学ぶものではなく、相手が何を大切にしているか、どういった価値観をもっているかを知ることこそが本当の礼儀作法なのです。そして、それによって相手に「無礼」と感じさせない行動を取ることが礼儀の本質であると考えています。


もう1つの要素が「気遣いの心」です。世の中には仕事や日常で気遣いをする大切さを説く本が多く出ていますが、私は、気遣いをしようと考えた時点でその人は気遣いができていると思っています。その結果、相手にとってプラスになるかマイナス（有難迷惑）になるかは相手によりますが、気遣いはできているのです。

気遣いは「自分はこの人のために何ができるか」と自分を省みる姿勢でもあります。相手がどんな立場にあり、どんなサポートが必要なのかを見極めようとすることで、より具体的で実際に役立つ行動が取れるようになります。気遣いを通じて相手が少しでも安心したり、喜びを感じたりしてくれることが、私たちにとっても喜びであり、働く意義の一つでもあります。

礼儀作法と気遣いの心、どちらも根本にあるのは「相手を理解し、相手の立場に立って行動すること」です。人間は言葉だけで完全に相手を理解することは難しく、相手とのやり取りだけでは不足する部分が必ず出てきます。特に、上司やベテラン社員から指示を受けるとき、相手の意図やニュアンスを汲み取る努力が欠かせません。この点を理解し、相互に補い合う姿勢こそが「気遣いの心」であると思います。

さらに、私が大切にしているのは「心身の健康」です。ここでいう健康は、単に体調管理だけでなく、心の健康も含んでいます。心が健やかであることが仕事のパフォーマンスを支える基盤であり、チーム全体の雰囲気にも影響します。例えば、日々の挨拶も心の健康と深く関係しています。自分が気持ちよく働くだけでなく、周囲が心地よく過ごせる職場環境をつくるためには、挨拶や気遣いが欠かせないと感じています。こうした小さな心がけが積み重なって、心身ともに健康で働ける環境が出来上がるのです。

自分がどういう人間かを判断するには、自分一人の主観だけでは不十分です。そのため、私の自己分析には親しい友人や家族にも協力してもらい、ある程度客観的な視点を取り入れました。自己分析を行動指針に反映させたのは、社員が現場で迷うことなく、私と同じ方向を向いて行動できるようにするためです。経営者である私の信念や価値観が明確に示されていれば、社員も私の考え方を理解することができ、私に判断を仰がなくても日々の判断基準として活かすことができます。

私が定めた行動指針は次の7つになります。なお、私が個人的に大事にしていることと、会社としての行動指針には一見すると似通った部分がありますが、決して対応しているわけではありません。行動指針はあくまでも会社組織という集団の中で大事にするべきこととなっています。

**①常に健康を維持する。元気がなければ何もできない**

ここでいう健康とは体の健康と心の健康の2つを指します。特に大切だと考えているのが心の健康です。

心の健康が大切なのは、一般的に心の病気は一旦なるとなかなか治りにくいからです。心に負荷をかけ、うつ病など心の病気になると風邪のように2、3日風邪薬を飲んで寝ていても治りません。時間をかけて養生することが必要です。


私がかつてプログラマーとして勤めていたシステム会社では、心を病んでしまう社員が多くいました。システムエンジニアはキャリアが10年ほどになると昇進し、プログラミング業務だけでなく顧客との折衝が増えていきます。

プログラマーはプログラミングには長けていますが、必ずしもコミュニケーション能力が高いというわけではありません。そのため折衝の場で、顧客にかみ砕いて分かりやすく説明するというより、システム関連の専門用語をそのまま多用した話になってしまいます。そうすると顧客には話がうまく伝わらず折衝もうまくいきません。そんなことが続くうちに、プレッシャーから心を病み会社を休むケースが多々発生してしまいます。

会社を休み治療に専念し半年後に会社に復帰したとします。再発を防ぐため、顧客対応の仕事を避ける配慮から、プログラマーではなく未経験の管理系の仕事に配置されるケースもありました。しかし、プログラマーに戻った場合でも、心を病んだという過去が周囲の目に影響を与え続け、職場での見られ方が変わることも少なくありません。こうした状況を見るたびに、心を痛めた過去を清算することはできるのだろうか、と私は疑問を抱いてきました。

心の病は、なる前のケアが何より重要です。発症するまで心を痛めてしまうと、傷を回復するまでに長い時間がかかってしまいます。だからこそ、私は心の健康を守るための予防策はとても大切なものだと思います。

### ② 常に明るい笑顔と挨拶をする

これは心の健康を維持するためにどうするべきかを示したものです。

大手広告代理店でかつて、入社2年目の女性社員が長時間残業を理由に自死したことがありました。自死する直前まで会社に出社して仕事をしていたといわれています。

プログラマー時代にこの話を後輩としたことがあります。そのとき後輩は「もうすぐ自死しようとしている人って周りはそんなに分からないものなんでしょうかね？」と疑問を投げかけました。自死しようとする兆候はなかったのか？　そのことに気づいた人はいなかったのか？　こうした疑問が残りますが、心の健康を考えるに当たっては変化に気づけるチャンスを多くつくるのが大切です。

会社には同じフロアで働いていても知らない、分からない、いっさい話したことがない人がいることがあります。同じフロアの人間とはコミュニケーションを取るように働きかけるのもいいのですが、なかには仕事以外のことはしたくない人もいます。

大して仲の良くない人と話したくない、といった気持ちも分かります。しかし、人は何かしら触れ合いがないと変化に気づくことができるチャンスはありません。

挨拶は最低限の人と人との触れ合いです。ムダなコミュニケーションは取らなくてもいいですが、せめて挨拶ぐらいはしようという想いから「常に明るい笑顔と挨拶をする」を行動指針として掲げることにしました。挨拶の言葉を交わすだけでも相手のなんらかの変化に気づけます。「こいつ、元気ないぞ」「いつもと違うぞ」と分かるかもしれません。

挨拶するだけで心の健康の変化に気づける確率は、0％から1％に上がる程度です。それでも、心の健康を守るためには挨拶することが大事なのです。

### ③ 自身が発する感情に責任をもつ

ここでいう感情は「怒り」です。例えば、事務所で上司が部下を激しく怒っていたとします。こういうとき、場の雰囲気は少し悪くなりますが、そのことについて「部下が怒らせたから」という上司の言い訳は通用しません。

「自身が発する感情に責任をもつ」というのはこの例のように、怒りの感情の発露によって周囲にマイナスの影響を及ぼした場合は、その責任は怒った人にあるということです。怒ることは悪いことではありません。ただ、感情は怒りに限らずすべてが、発露した人に責任があるものです。怒ったことで何かが生じたら怒った人に責任があるのです。

行動指針で感情に触れたのは、感情は物事の判断基準を大きくブレさせてしまう要因になるからです。人間は感情によって物事の判断が左右されることはあるものですが、それはあってはならないことです。特に立場が上のものはなおさらです。そういうことを認めないことを示すために、感情に関することはすべて自己責任としました。

### ④気遣いの心をもって他人と接する

仕事で最も重視すべきは、話したいことは全部話せるわけではないということです。上司でさえも全部命令できるわけではないですし、部下だからといって全部報告できるわけではないことを理解しておく必要があります。

「気遣いの心をもって他人と接する」は、相手が言いたいことをすべて言えていないという事実を踏まえて、相手がしてほしいことを考えるという意味です。お互いに相手がしてほしいことを考えて行動に移すことで、分かっていない、できていないことを補い合えるようになります。

### ⑤過去1・今9・未来90の割合で物事をとらえる

未来のことを考えるのは大変なことです。考えてもほとんどが実現しないからです。

例えば、車を運転していると脇道から子どもが飛び出してくるかもしれないと注意します。こういう場合、本当に飛び出してくることもあり得ますが、飛び出してこないことも多いです。そう思うと先のことをいろいろ予測するのはムダともいえますが、それでもいつかは事故を起こしてしまうかもしれないので、車を運転する際は先のことをいろいろ予測しながら乗るものです。

未来のことは起こらないと思っても考えなければならないことです。一方で、過去ばかり話していると、未来を考える時間が奪われてしまいます。

私は「過去を1分話したら、未来については90分考えるべきだ」と考えています。過去の出来事は必要なときに見返せばいいのです。現状把握は未来を考えるのに必要なことですから、9分はかける必要があります。

この時間配分の考え方が「過去1・今9・未来90」であり、未来に焦点を当てる姿勢を行動指針に掲げることにしました。

かつての経営会議では、過去の話が延々と続き、特に先代社長の時代は社員も少なかったのに、長時間の会議のうち3分の1は社長の思い出話で占められていました。管理職もそれに乗って話が脱線し、とても建設的な会議ではありませんでした。

しかし、この行動指針を掲げてからは、管理職が会議の場で昔話をもち出すことがなくなりました。理念教育でもこの考えを厳格に伝えており、過去に縛られず未来を重視する重要性が社員にも理解されています。経営会議が未来志向の建設的な場に変わったことは、経営理念を制定した成果の一つです。

### ⑥ 他責より自責の念をもつ

文字どおり「他人のせいにするな」という意味ではありますが、だからといって自分のせいであると結論づけることではありません。自責の念をもつとは、もし自分に原因があるとしたら、どこが悪かったのだろうかと一度立ち止まって考えることです。

他人のせいにすると、その時点で問題は「他人の責任」として片づき、それ以上の議論や改善の余地がなくなってしまいます。しかし、仮に自分に一因があったと考えてみれば、自己改善の機会が生まれます。考えた結果として「自分は悪くない」と思えることもあるかもしれませんが、少しでも自分に至らない点があれば、それに気づくことで成長のきっかけが得られるのです。

自責の姿勢で得られた気づきや行動が直接会社の評価に影響するわけではありません。例えば品質不良を起こしたことや、問題発生の件数によって、評価が下がることはありません。どちらが悪いかを会社で判定しなければならないときは、会社が公平公正な視点から判断しますが、社員自身には、改善や成長のチャンスを得るために、一度「自分に原因があるかもしれない」と見つめる姿勢をもってほしいと思っています。

**⑦ 不平等・不条理は自己成長へつながると考える**

会社には必ず不平等・不条理が存在します。しかし私は、不公平は許しません。不公平と不平等の定義の違いは、私のなかでは次のようなものです。

不公平＝会社の規則として決めたことを実施しないこと
不平等＝会社の規則として決めたことを実施した結果生まれる差

不平等は会社がつくってしまったものです。誰かを恨んだりしても仕方がありません。それでも、その誰かと同じポジションにつきたいと思ったら、本当にそのポジションまで行きたいのかどうかを考えてほしいと思っています。行きたいと思ったら、それは前向きな感情です。そう思うことは自己成長につながります。それに私は、会社で「平等であるべき」とは一度も言ったことがありません。

一方、人にはそれぞれに想いがあるので、条理に合わないことが必ず発生します。だから不条理も避けられないのです。全員同じ人間の組織であれば不条理は起きません。

この項目については、ほかの6項目と異なり、具体的な事例に基づいて定めたものではありません。行動指針に盛り込むべきか迷ったのも事実です。実際、この指針は日々の業務で頻繁に使われるものではなく、ほかの項目と比べて「置いている」側面が強いかもしれません。

それでも、どんな状況においても一度自分を振り返り、自己成長の機会を見つける意識が重要だと考え、行動指針に加えることにしたのです。

世の中には不平等や不条理が存在することは小さな頃から感じていました。私がまだ子どもだった1995年12月に、ある家庭用ゲーム機のソフトが発売されました。確か当時で1万円を超える値段で発売されたと記憶していますが、発売当日、デパートのおもちゃ売り場に子どもたちがゲームを買うために長い行列をつくっていました。

1歳上の私の次兄がデパートにそれを買いに行きました。しかし次兄は行列に並ぶことなくゲームを買うことができました。父がデパートの外商担当に確保をお願いしていたのです。行列の横を通り過ぎ店内のカウンターに名前を告げたら店員がそれを渡し、難なく買い物を終えてしまいました。

絶対並ばないと手に入らないゲームです。その様子を見ていた行列の子どもたちから「あいつ何者なんだ？　まだ発売は始まっていないのに」といったような好奇の目で見られたそうです。

家に帰って来た次兄からそんな話を聞いていたら、それを聞いていた母親は「世の中には不平等なこともあるのよ」と言いました。母は、世の中が必ずしも平等ではないことを、ただ事実として伝えたかったのでしょうが、同時に「それが理解できないと、社会を生き抜くうえで困る」といった思いも込められていたのだと思います。

そのことがずっと私の頭の中に残っていたのですが、特に社会人になってから不平等を感じる機会が多くなりました。いちばん分かりやすいのが給料の差です。


システム会社時代、私の給料は同期の半分ほどでした。その理由は、同期は月に百何十時間も残業していたからです。配属される部署により、残業できる時間が違いました。仕事をしたかった私は長時間残業できる同期を羨ましいと思っていたほどです。同期と同じくらい月に百何十時間も残業したかったです。仕事が好きなのに残業できる時間が少ないので会社や同期にも相当文句を言いました。

不平等はストレスになるので健康には良くありません。不平等な目に遭っても自分のなかで消化できないと、心身に影響が出てしまいます。不平等は誰かがつくり出しているものです。会社に存在する不平等は会社がつくり出しているものです。

不平等を本気でなくしたいと考えるのであれば、自らが会社のトップに立って変えていくしかありません。しかし、それが現実的ではなく難しいのであれば、まずは今の自分が置かれている状況と、理想とする状況の違いをよく考えることが必要です。例えば、同期と同じくらい残業をしたいと望むのであれば、人事に対して残業が発生する部署への異動願いを継続して出すという手もあります。しかし、異動が実現したとしても、その代償として本来やりたかった仕事ができなくなる可能性もあります。どのような状況が本当に自分にとって望ましいのかを慎重に見極めることが大切です。

給料に関しては特に、仕事内容や役割の違いが分かりづらいと不平等に感じやすいものです。しかし、給与に差がつく背景には、個々の経験やスキル、責任の大きさなどさまざまな要素が含まれています。こうした要因を理解したうえで、不平等は単に「不公平」ではなく、それぞれの役割に応じたものだと受け入れることができると思います。

私の場合ですが、不平等を感じたときに自分が今置かれている状況とは正反対の状況になりたいのかどうかを考えると、大半、つまり9割ぐらいはそうなりたいわけではないです。残りの1割は、自分が置かれた状況とは正反対の環境を目指したい、つまり「自分が変わりたい」という意思に結びつくものです。

こうした感情は、単なる不平等への不満ではなく、自己成長を目指す健全な目標となります。不平等を感じる場面では、9割は気にしないで手放し、残りの1割は自己成長に役立つものとして前向きに活かしていくのがよいと考えています。

これは社員全員に向けて9割の不平等は捨て去り残り1割を自己成長につなげなさい、と言いたいわけではありません。会社のなかに絶対ある不平等・不条理から自己成長につなげることができないかということも考えてほしいのです。

今置かれている状況から正反対の状況になることを目指して努力しても無理だったら、そのことを会社に報告するよう社員には話しています。公平はつくることができても平等はつくることはできません。公平はルールを決めてルールどおりに実行すれば実現できますが、平等はそもそもルールではつくれないものだからです。

## マニュアルはつくらない

一般的に、仕事を進めるために「マニュアル」は欠かせないものとされています。多くの企業では、作業の手順や方法を記載したマニュアルが用意されています。しかし、私はマニュアルに対して否定的であり、社員にも「マニュアルはつくらないように」と強く伝えています。

私がマニュアルを嫌う理由は、マニュアルは多くの場合、作成者の「個人的なやり方」を反映しているだけで、必ずしも他人にとって最適なものではないと考えているからです。たとえマニュアルが詳細に書かれていたとしても、それが読む人にとって役立つかは別問題です。理想は、誰が見ても理解できる「客観的な視点」でマニュアルがつくられるべきですが、現実には、会社の多くのマニュアルは作成者の主観が大きく反映されたものになりがちです。

マニュアルをつくる際、未来の利用者や新しい視点を想像しながら作成することは難しいのが現実です。多くの場合、作成者が普段関わっているメンバーのことを前提にして書かれているため、それをほかの社員や異なる業務の人が見ても、すんなり活用できるものではないのです。

私自身、プログラマー時代にマニュアル作成を経験してきましたが、時間がかかるうえに、特に面白みもなく、何より「せっかくつくったマニュアルがほとんど使われていない」という現実に直面しました。多くの労力をかけて作成しても、実際の活用が少なければ、それは時間とエネルギーの無駄です。こうした経験からも、私はマニュアルに対して良い印象をもっていません。

マニュアルがなくても現場が困っていないのであれば、それは必ずしも必要ではないと考えています。したがって、マニュアルをつくる代わりに、社員それぞれが自分のやり方で業務を進めるように話しています。状況に応じて最適な方法を自分で考え、柔軟に対応できることが、仕事の幅を広げ、成長にもつながると私は思います。

## 社長報「こうず庵」の発行

私は決断をせず社員の判断に任せているので、私がどういう考えの持ち主であるか、どんなことを考えている人間なのかといったことを社員に知ってもらおうと2016年1月から「こうず庵」と題した社長報を月1回ペースで発行しています。プログラマーとして勤めていた会社の社長が社長報を発行していたことをヒントにしました。

自分の考えを表明する場としては、親会社を含めて行っている全社朝礼があります。私は親会社にいた頃から何カ所かに分散しているグループの各拠点を回り朝礼で話すことをしていました。話す内容は事前に準備するのですが、広い工場で大勢の社員を集めて行うため、後ろにいる社員は聞こえているのかどうかも疑わしいところがありました。実施環境が良くなかったので廃止したかったことから全社朝礼を廃止する代わりに「こうず庵」を発行することにしたのです。

「こうず庵」は最大3ページで、月初に発行しています。主な内容は前月の会社の出来事、社長である私の考えとその理由の2点です。全社朝礼ではプライベートのことなど話しづらい雰囲気が強くありましたが、「こうず庵」ではそういうことを書いても問題ありません。会社にはいろんな社員がいますから、全社的なことだけを話すことの意味が感じられませんでした。

私は「こうず庵」を社員全員に読んでほしいとは思っていませんし、読むことを強制もしません。社員は、経営者の考えや方針に関心がなくても、楽しく働けるはずですし、読むことを義務にすることが、かえって職場の自由で明るい雰囲気を損なうと考えています。どれだけの社員が読んでいるかも、調べたことはありません。

そのため実際には、どれくらいの社員が「こうず庵」を読んでくれているかは不明ですが、会話のなかで「こうず庵」に触れる社員がいると、読んでくれていることが分かる瞬間があります。確実に読んでいると感じられるのは、おそらく社員全体の10％程度だと思います。

「こうず庵」は毎号の内容を考えるため、それなりの時間がかかっています。それでも、読みたいと思ってくれる社員が増えるように「面白い」と感じてもらえる内容にすることを心がけています。そのために、経営者としての本音を率直に綴り、社員にとって親しみやすく、自然に手に取ってもらえるよう工夫しています。

次は「こうず庵」の内容を要約したものの一部です。

**・第三号（２０１６年３月１日）**

製造業ではＱＣＤ（品質・コスト・納期）が大事だとされていますが、それらはすべて法律の下で成り立つことで、法律は人の命を土台にして成り立っています。しかし、営利を追求する企業ではとかくＱＣＤに意識が向きがちで、人の命や法律に意識が及ばないことがあります。「人命＞法律＞品質＝コスト＝納期」の関係性は忘れないでほしいです。

**・第十八号（２０１７年６月１日）**

システムをつくるのも製品をつくるのも技術がないとできないことです。大事なことは、機械や化学、土木とかいった分野にとらわれず、みんなの生活を豊かにするために技術を発揮し共有していくことにあります。

私は技術者という人間は人が豊かになるために時間を使うので、人間が大好きなのだと思っています。機械が好きだったりするのもいいが、その先にある「なんのために作るのか」、つまり人や文明のためにという観点は忘れてはならないことです。

**・第九十六号（２０２３年12月１日）**

給料を上げる3つの行為は案件の値段を上げる、費用を下げる、案件をより多くこなすことです。ただ、社内ではこの3点以外を模索する行為が存在しています。この3点を直視する人は少ないです。給料を上げたい人はこの3点を満たす行動は何かを考えて行動を起こしてください。起こせば未来は変わる可能性がありますが、起こさなければ現状維持しかできません。

経営理念や行動指針の浸透、さらには「こうず庵」を通して、社員が私の考えを理解することで、社長と社員が同じ方向を向き、組織全体がぶれることなく前進できるのです。現場が共通の基準をもち、判断に自信をもつことで、会社全体の力はさらに強まります。理念を共有し、各自の判断に任せることが、確かな組織づくりの鍵となるのです。

［第3章］

# 社長がいなければ、現場は自分で会社を背負う裁量をもたせ「自責思考」を徹底

## メーカー経営者として技術者への敬意は基本

大学では土木を専攻し家業に入る前はプログラマーをしていたので、私は自分のことを技術者だと思っています。こういうバックグラウンドがあるからだけではありませんが、私は技術者に対して敬意を払うよう社員に求めています。

ものづくり企業にとって大事なことは、技術を発揮して世の中に必要とされる製品をつくり出して社会に貢献することです。そのためには、技術を発揮する技術者を管理系が支える流れができていなければなりません。

私は管理系の社員（管理課、品質保証課、安全衛生室の社員と管理職）は技術者のために存在しているのだと言っています。立場によって行うことは異なりますが、管理課であれば技術者への技術以外の支援、品質保証課であれば技術が正しく世の中に発揮されるための検査、安全衛生室であれば安全と衛生、社員の健康のために、もっている権限の行使を求めています。

社長に就任した頃、社内では売上を上げる部門とそうでない部門の間に微妙な格差があり、売上を上げる部門が優位に立つような雰囲気が見受けられました。技術者の重要性は認識されていたものの、敬意をもって接することができる存在というよりは、むしろ「強者」として一目置かれるような存在だったのです。

実際、当時の技術者のなかには売上を上げる立場にない管理系の社員に対して「あなたたちは何も稼いでいない」と言う人もいました。稼いでいる／稼いでいない、売上を上げる／上げないで区分することに意味はありません。技術を発揮する人間がいてそれを支える人間がいるだけのことです。

管理系の社員の立場は低いものでした。先代社長の頃はとにかく扱いがひどかったです。技術者への敬意は必要だといっても、これでは組織としての力を発揮できません。この状況をなんとか是正し管理系の社員の仕事を広く知ってもらうことが、社長就任直後の私の頭の中の大部分を占めていました。

そこで私はまず、技術者と管理系の社員双方にそれぞれの役割の重要性を説明し、理解を深める取り組みを始めました。管理系の人間には技術者を支える役割があること、技術者には管理系の社員がなぜいるのかを話しました。

管理系の人間は技術者に書類の提出など細かいことを要求しがちです。なかにはそういうことを快く思わない技術者もいるので、管理系の人間は何も嫌がらせでそんなことをしているわけではなく、法令を遵守するためにやっているということをよく説明しました。

今は技術者も管理系の社員に対しひどい物言いをすることはなくなりましたし、自分たちが稼いでいるといった発言も聞かれなくなりました。

メーカーとして技術者が大切なのはいうまでもありませんが、行き過ぎた部門間格差は改善すべきです。

社内全体が技術者への敬意をもち、管理系と技術者がそれぞれの役割を理解し合うことで、ようやく組織全体の力を引き出せるのです。技術者が自分の能力を最大限に発揮できるよう、管理系が支える体制をつくることは、ものづくり企業にとっての基本です。この姿勢が根付けば、全員が互いに支え合い、世の中に必要とされる製品を生み出すという共通の目標に向かって、強い組織づくりができると確信しています。

## 判断基準を共有しているから任せられる

経営理念は判断をしなければならないことで迷いが生じた場合の指針になるもので、全社員で共有しなければなりません。

そのため新入社員教育のなかにも理念教育があります。専用の資料が用意されており、経営理念をつくった私が1時間半から2時間ほどかけて説明しています。資料は全12ページですが、説明に時間をかけるところがいくつかあります。特に行動指針に強く反映されている私の自己分析は、なぜこういう結果になったのかを時間をかけて詳しく説明するところです。

経営理念に対する印象もその場で聞きます。自分の考えと一致しているところと異なるところはどこか、ということについてはほぼ必ず聞くようにしています。社員に聞いてみると、自分と同じ考えですという反応が思っていたより多く、考えてもみたことがないといった反応は少数です。

求職者は自分の考えや信条に合うような会社を探しているせいか、入社を決めてくれた人は経営理念で掲げたことを理解してくれています。経営理念を理解できなかったり賛同できなかったりする人は私の会社で働くべきではありません。

経営理念のなかには「常に明るい笑顔と挨拶をする」といった、社員が変わったと実感しやすい行動指針もあれば「自身が発する感情に責任をもつ」のように、変化が表に見えにくい項目もあります。行動を強制する内容ではないため、分かりやすい変化だけを見れば、経営理念は社員にしっかりと浸透していると判断できます。


私がつくった経営理念は、社員の行動を強制したり、特定の方向に無理やり変えようとしたりするものではありません。浸透と聞くと社員を一つのカラーに染め上げ、性格や行動まで変えるようなイメージをもつかもしれませんが、私はむしろ個人の個性を大切にしたいと考えています。

経営理念とは、争いごとが起きたときにそれを解決するための判断の基準として存在するものです。理念に頼らなければならない場面以外では、無理に意識する必要はありません。そのため、経営理念が浸透しているかどうかを強く気にしたことはありません。

それよりも重要なのは、経営理念という絶対的な存在が会社にしっかりと根付いていることです。言い換えれば、経営理念は会社にとっての精神的な支柱であり、社員が迷ったときに立ち返るための基盤としての役割を果たしています。

## 現場に裁量をもたせれば回転も上がる

現場の状況を最もよく知る社員に決断を任せることで、私自身が判断する必要のないことはすべて社員に任せる方針を取りました。その結果として、決断をする社員には自然と権限と裁量が増えるようになったと思えるかもしれません。しかし、経営理念を制定したからといって裁量が増えたわけではなく、これはあくまで仕組みを見直しただけのことです。以前は社長が不必要な決定まで担っていましたが、それを社員が判断するようになっただけで、実際に社員の裁量が増えたというわけではありません。

一部の社員には、これを誤って「裁量が増えた」と認識しているケースも見られます。

その代表的な例が、管理課が作成して私に提出するキャッシュフロー表です。社員が独自の判断を求められる場面は増えましたが、裁量そのものが拡大したわけではありません。

私は管理課の経理担当に半年ほど先の現金の流れを予測する表（キャッシュフロー表）をつくってもらっています。この表には、予測の根拠や、その要因が変わった場合にどうなるかも記載されています。作成にあたっては作成者の意見も書くことと、半年先ではなく何年先を見る必要があるのかを根拠とともに示すことも求めています。

半年ではなくどれだけ先のことまで予測する必要があるのかを私に示すことなど、やろうと思えば私の指示がなくてもできたことです。本人は裁量が増えたからできたことだと思っているかもしれませんが、それは違います。今では指示がなくても、もっと先のことも予測できますが、これは裁量が増えたからできたことではなく、きっかけさえあれば指示がなくてもできる能力があったから自主的にやっているのです。

会社のなかでは「裁量」という言葉は頻繁には使いませんし、裁量権を発揮する場面も限られています。重要なのは裁量権の行使ではなく、不透明な未来に対して決断をし、その決断を会社全体で共有することです。決断を下すのが社長である必要はなく、社員が自分で考えて決断し、その内容を上司や社長と共有する仕組みがあれば、会社全体で一貫した方向性を維持できます。

よく決裁書類の捺印欄には複数の印が押されていますが、これは上の立場の人に責任が移っていくことを示しているのではありません。各段階の印が、決断が一人で行われたものでなく、全員が共通の理解のもとで進めていることを表しているのです。

## 社員の意見を尊重する

私が何も決めないことに徹してきたため、経営理念をつくる前から社員が自ら考えて行動できるようになってきました。それでも経営理念をつくったあとは変化が見られました。

例えば、選択肢がある問題に対する対応が変わりました。経営理念がつくられる前は私に「どれにしましょうか?」と尋ねてくることが多く、社員が自分の判断に自信がもてない様子が多く見られていました。しかし経営理念をつくったあとは「私はAだと思います。最終判断をお願いします」といった表現に変わっています。今の自分が考えられる最善の選択をして決断し、報告するようになったのです。経営理念は社長以下、会社で働く全員が判断に困ったときに用いる辞書のようなものです。社長の私も使うものですから、何か困ったり迷ったりしたときに経営理念から自分の判断を決めることは社長が何かを決断するときの状況と似ています。

経営理念をつくったことで社員が変わったかどうかということは、なかなか分かりにくいことです。分からないからといって理解度や浸透度を調べようとすると、社員からの信用を失うことになりかねません。調べるということは、社員を疑っていると受け止められるからです。

ただ私に関していえば、明らかに変わりました。絶対的な存在を会社に据えたので、社員との接し方に自信がつきました。

親会社時代、社内での人間関係でうまくいかなかった経験があり、社長に就任した直後は社員との接し方に不安を感じていました。先代社長の息子ということで、親しみをもって接してくれる人もいれば、関心を示さない人もいました。社員が私に戸惑いや不安を感じている様子はありませんでしたが、経営理念をつくったことで「本当のことを話しても理解してくれる」と感じられるようになりました。このことが、私にとって自信をもつ大きなきっかけとなりました。

## 共有は定期的に行い、継続する

すでにいる社員に対しても経営理念制定時に、新入社員教育と同様に理念の説明を行いました。当時在籍していた社員30人を集め、1時間半程度かけて経営理念に明記したことの意味を詳しく話しています。目立った反応は見られず、異を唱える声もありませんでした。

こういう反応になるのは、ある意味自然なことです。それは、説明の最後に「今すぐ忘れても構わない」と伝えたからです。経営理念は常に意識しておくものではなく、まずは目の前の仕事を行うことが大切だと考えています。たとえ理念に沿った行動を自然に取っていても、それを意識する必要はありません。理念は、社員が迷ったときにそっと寄り添うものとしてあるのです。

経営理念は最低でも拠点ごとに1カ所は掲示することにしました。これは以前会社の顧問だった人の提案によるもので、会社の食堂などに掲示しています。

顧問からは経営理念をカードにして携行することの提案を受けたこともありますが、この提案は認めませんでした。経営理念は常に意識するものではなく問題が発生し判断に迷ったときに使う辞書のようなものだからです。こういう位置付けですので、カードにして携行することは趣旨に反することになります。

普段は忘れていてもいい経営理念ですが、その存在は絶対的なものです。使うのは、争いなどにより価値観や目標意識にずれや許されないほどの歪みが生じたために解決を図ろうとしても難しくなったようなときになります。解決が難しいから絶対的なことを示した経営理念という辞書で判断し争いの当事者すべてに納得してもらうというわけです。

実際、経営理念をもち出す機会はそう多くありません。私でも年間10回もありません。使うケースとしては社員とのコミュニケーションエラーが発生したときが挙げられます。あとになって行動指針を振り返ることはあります。例えば、風邪で体調を崩したときに「常に健康を維持する」、挨拶するのをつい忘れてしまったときに「常に明るい笑顔と挨拶をする」、他責にしてしまったときに「他責より自責の念をもつ」という項目が頭の中をよぎります。

経営理念をもち出す機会が多くないのは、社員が未来志向で行動したり物事を考えるようになったりしたからです。経営理念を発表して1年経った頃には社員は明らかに未来志向に変わりました。最初の発表時に時間をかけて経営理念を説明した影響が大きいです。

年始朝礼など折に触れて言及することはありますが、経営理念は絶対的なものなので定期的に教育するようなものではないと考えています。経営理念があることと、その中身を一度周知しておくだけで十分です。絶対的なものをいちいち浸透させる必要はありません。

新入社員教育で理念教育を行うのは、経営理念という辞書が会社に存在することを教えるためです。問題解決で困ったときに使える経営理念という辞書があることが分かったら、使い方を教えなくても使えるはずです。

## 「社員の顔と名前を覚える」よりも大事なこと

経営者の素質という話でたまに「社員全員の顔と名前を覚えています」なんて言う若手社長がいますが、私はそれが大事だとは思いません。これからの会社を担う次世代の人材を育成することは社長にとって重要ですが、そのために大切なのは顔と名前を覚えることではなく、社員教育だと思っています。社員のために教育を充実させ、その価値を高めることのほうが社長にとっては大切です。

社長就任前は職場で実施するＯＪＴしかなく、教育体系といったものはありませんでした。そこで、社長に就任してから社内の教育体系を整備しました。

整備した教育体系は、全員が受ける基本教育と技術者を対象にした技術教育の２つに分けられます。基本教育は理念教育や会計教育のことであり、技術教育はその都度必要に応じて実施しています。

会計教育を全員対象にしたのは、社会人にとって会計は切っても切れないものだからです。講師は私で、全3段階に分けて解説します。どういう行動が会計に関わるかといった基礎的な話から減価償却などについても触れます。技術教育も社員が講師で、テーマによって変わります。ただ実際にやってみないと身につかない部分があるので、技術教育の8割近くはＯＪＴというのが実際のところです。

私はもともとＯＪＴには良い印象をもっていませんでした。現場に丸投げ状態になり実態がはっきりしなくなるからです。そのため技術教育も体系立ったものを整備することにしました。

ただ、技術は時代や状況とともに変化するので、教育プログラムを整備してもすぐ陳腐化してしまいます。ニーズに合わせた技術教育のプログラムを整備するにも限界があったので、ＯＪＴもうまく活用することにしました。

社員が講師になると講師代を支給したこともありました。ただ、教えることは当たり前のことなので講師代を受け取らない人もいました。講師代を支給することへの反発が予想外に多かったことから、結局講師代の支給は廃止しました。講師の立場を浸透させないまま手当を支給することにしたのは失敗です。それに、金額の妥当性も明確ではありませんでした。そもそも手当の類が嫌いなのに教育の価値を高めるために講師の報酬に安易に走ってしまったのは失敗でした。

私は手当が嫌いです。親会社にいた頃からそうで、いちばん謎だったのは全員一律で月1500円を支給する食事手当でした。

支給理由は職人の確保です。親会社にいた頃、当時社長だった父に支給理由を聞いたところ、職人が採用できるかどうかは手当の充実度にかかっているという回答でした。いろんな手当をつくって支給したほうが採用しやすいことからその一環で食事手当を設けたといいます。

今の時代、手当の有無だけで採用に影響が出るとは思えませんが、ずっと支給しているのでやめることができません。もしやめたら、これまで支給されていた社員が反対することが目に見えているからです。

食事手当は未来に残したいようなものではありません。ただ手当をなくすということは社員から見たら不利益になる可能性があるので、簡単にはいきません。変更する場合は労働基準監督署に届出が必要になります。

手当は食事手当のほかにも、業務に直結した溶接手当や簿記手当といったものもあります。こういう業務に直結した手当があると資格取得に伴って手当を支給してもらう資格マニアの社員が現れるので、実際に資格を活用しているのかを確かめる必要がありますが、それには余計な人件費がかかります。

会社としては特に、資格の取得は奨励していません。取得するかどうかは社員の意思に任せています。

資格を活かして仕事をしているかどうかを評価するとしたら、手当の支給ではなく仕事の成果を人事評価に反映すればいいことです。手当は誰もが納得できる決定根拠を基にして決めることがほぼ不可能なので、支給に関しては往々にして争いの火種になります。

特に反対の声が大きいのが出張手当です。出張すると支給する日当の廃止と一定額を支給していた宿泊代を実費精算に変更しようとしたところ、猛烈な反対に遭いました。

　妥当性がはっきりしないまま支給を継続していたら、手当の廃止は難しくなります。全員に一律で支給される食事手当の場合は基本給にプラスすれば社員も労基署も納得してもらえますが、溶接手当や簿記手当といった有資格者にのみ支給される資格手当は廃止すれば給料が下がることになるので、社員と労基署に下がる分をどうやって補うかの説明をして理解と納得を得なければなりません。


　私の会社でも資格手当が残っており、廃止できないかと管理課とともに検討しているところです。資格手当に限ったことではありませんが、手当は給料が低い人を助けるためにあるような側面があったので、合理性や妥当性がありません。人事評価の結果を給料に反映しているので、手当の存在意義もなくなりつつあります。

　先日調べたところ、資格手当を支給されている社員は全体の10％でした。何かしらの資格を有している10％の社員が人事評価の上位者かどうかを確認してみると、有資格者の8割が人事評価の上位に入っていました。資格を仕事に活かし成果を発揮していることが人事評価に反映されていますので、私が社長である間に手当廃止は実現したいと思っています。

経営理念はこの会社で働く社長以下、全員が共有する判断基準です。困ったときや迷ったときの助けになります。普段から存在を意識するものではありませんが、それでも社員の行動や意識に変化をもたらしています。判断に迷いがなくなり、自信が感じられるようになりました。

［第4章］

# 現場全員が社長のように考えて動けるなら、管理職はいらない
# 自走する組織づくりを徹底的に追求

## アウトソーシングできるものと、できないもので分ける

私の会社ではこれから、一部の仕事をアウトソーシングすることになっています。ものづくり企業なので製品をつくる設計や製造は残りますが、管理部門の仕事のなかで会社ごとにやり方が異ならないものはアウトソーシングの対象になり得ます。

何を外注するかは各職場で検討してもらっていますが、実際に提案されたのが請求書の確認業務です。すでに見積もりを取っており、これから外部で行ってもらうところまできています。給与計算も対象に挙がっています。

現在のところ経理に関する仕事が対象となっていますが、これは管理部門に対して、自分たちの仕事はいくらでできるのかを調べることを課題として課したからです。会社にいる意味を理解してもらうために、このような課題を課しました。

管理部門の社員には、現在担当している仕事をアウトソーシングしたときにかかるコストと今までどおり社内で行ったときにかかるコストを比較してもらいました。外注したほ

うが低コストでできる仕事は社内に残しません。

請求書の確認と給与計算の2業務は、アウトソーシングしたほうが低コストでできると分かったことから、社員自ら自分の仕事を外注したいと提案してきました。これらの業務を担当していた社員は今後、社内に残った価値の高い仕事に従事してもらうことになります。

今後も残る管理部門の仕事は採用、安全衛生、品質保証だと思っています。採用にはこれからの会社を支える人材を獲得する、安全衛生には社員の心身の健康を守り安心して働ける環境をつくる、品質保証にはユーザーに安心して私たちの製品を使ってもらえるようにし会社を信頼してもらう、という役割があります。会社の未来に関わる仕事、社員に安心・安全を提供する仕事、取引先や社会からの信頼を高めるための仕事は真に価値がある仕事だと考えています。

## 専門の部署をつくる

私の会社を組織図で表すと、社長の下に製造課、設計課、ロボットSIer推進室、品質保証課、管理課、安全衛生室、採用支援室が並んでいます。厳密にいうと設計課だけは装置チーム含め全4チームに分かれており、さらに装置チームは3つのグループと室に分かれています。中小企業だということもありますが、組織構成は基本的には社長の下に課が並ぶだけのシンプルなものです。

現在残っている組織のなかで、会社を象徴しているのが安全衛生室で、社内でいちばん大きな権限を与えています。その権限とは社員の解雇に関するものです。安全衛生室が社員の心身の健康を守るために取り組んでいることに反する行動を取り続け注意・指導をしても改善が見られない場合は、この会社の社員にふさわしくないとみなし、辞めてもらうようにします。

社内で人事に関する権限をもっているのは安全衛生室だけです。安全衛生室のいうことを守れない人は、この会社の社員にふさわしくないので辞めてもらいます、と社内に宣言しています。

安全衛生室をつくったのは2016年です。社長に就任した2015年は社員が少なく、労働安全衛生法で定める安全衛生委員会を設置する必要はありませんでした。しかし同法では、一定の基準を満たした事業場では安全委員会、衛生委員会、安全衛生委員会の設置を義務付けています。会社で常時働く社員が増え法律で定める一定の基準を満たしたこともあり、安全衛生室を設置することになりました。

安全衛生室の役割は、労働安全衛生の観点から会社で働く社員の健康を管理し安全を守ることです。安全衛生室は社員との面談窓口になっていますが、これは社員の健康管理という役割から考えていちばん適切だからです。健康にはメンタルヘルスも含まれます。社員のメンタルヘルスに留意するには面談は必須です。

安全衛生室長には私が最も信頼がおけると思っている社員に就任してもらいました。入社してから三十数年、溶接工ひと筋で勤務していた人ですが、安全衛生室長に信頼できる人をおかないと社員が相談しやすい環境はできないので、お願いして引き受けてもらいました。

安全衛生室を設置してから、工場内での事故は確かに減りました。ただ、安全を目指すということは、事故ゼロ件を目指すということです。そのため、事故が1件でも発生すると目標を達成できなかったということになります。たとえ事故がゼロ件だったとしても、ケガをする可能性の高い危ない作業が残っていることがあります。この場合、事故ゼロ件という結果は偶然にすぎず、そんな作業が残っている限りはいつか誰かがケガをする可能性があります。したがって、職場での事故が減ったとしても事故を起こす恐れのある危険が残っていれば安全だとは言い切れないと思っています。

事故発生件数を減らすことは大事なことですが、それよりも問題が明らかになったときの再発防止対策をどうするかを、私は重視しています。再発防止に焦点を当てることで、社員には安全衛生室の活動には意味があると信じてもらうようにしています。

なお、組織は原則的に課ですが、安全衛生を含む一部は室としています。課と室に違いはなく使い分けにも明確な基準は設けていません。組織ができるときにその組織のトップが決めていいことにしています。組織のトップが変わるときに名称を変更したいというのであれば、変えることも可能です。

社員が心身の健康を害することなく安心して働ける安全な環境をつくることは企業に

とって大切なことです。安心して働ける安全な環境がなければ、社員が自ら判断し自発的に行動する自走組織づくりは進まないと思っています。このような環境でなければ、社員は会社のことを思って自ら考えて行動に移してくれることがないからです。安心して働ける環境でなければ、事業を成長させたり会社の経営に貢献したりする行動を社員が自発的に取ることはありません。自走組織づくりを進めることにおいて安全衛生室は、社員が自ら判断して自発的な行動を促すために安心して働ける環境をつくるという重要な役割を担っています。

## 管理職の存在を見直す

私がプログラマー時代に勤めていた会社や家業の親会社、現在社長を務めている子会社のどこを見ても、管理職は勤続年数に応じるなどして昇進し給料が上がっていきました。しかし、給料は管理職になったから上がるものではなく、できることや能力、実力に応じて上がるものです。こういう形にしないと社員から納得が得られず昇給の妥当性もなくなります。

以前から、私は管理職の存在意義が分かりませんでした。管理職に昇進することの意味は給料が上がることだけだとしたら、不要だと思っています。

管理職になると給料が上がるのは、社員が管理職になりたがらないからです。親会社にいた頃から、管理職になりたがる人がいないから給料を上げる、とよく言われていました。それで親会社の管理職の給料はどんどん上がっていきました。

確かになりたがらないので給料を上げて管理職の価値を上げるという発想は間違っているわけではありません。問題なのは、なりたがらない理由について話し合われないことです。他社の話を聞いても同様のことが起こっているように思えます。なりたがらない理由を解消しない限り、給料を上げ続けても管理職になりたがらない現状は変わりません。

多くの会社では現場の社員を管理職に登用するケースが見られます。生産ラインで作業に従事していた社員が品質保証部に異動すると同時に管理職に昇進するといった具合にです。しかし現場の人間は基本的に現場が好きです。昇進と同時に現場から離す異動は当事者の気持ちをいっさい汲んでいないように思えます。

管理職は一般社員とはやることが違います。部下の人事評価や残業時間管理、メンタルケアなど今まで経験したことがないことをしなければならなくなりますし、会社の現状を決算から理解するために会計の知識も必要とされます。仕事量の増加に加えて新たに学ばなければならないことも増えます。会計の場合は管理会計について知っていれば事足りるのに、外部の研修に派遣すると見る機会のないBS／PLの読み方を教わることもあるほどです。

ただ、管理職の仕事の実態について調べたところ、ほとんどが一般社員と同じでした。仕事が忙しいため、私がお願いしたことをしてくれないケースも多々あります。管理職としての仕事を頼むことをはばかるほど忙しいのが分かっているので、私との関係性が良くなることも期待できません。

管理職が仕事で忙しいと、会社の方針が部下に伝わらないことがあります。それは管理職で止まってしまっているからで、部下である一般社員から私に直接クレームが来ることも珍しくありません。マネジメントができなくても、せめて社員への伝達役ぐらいはきちんと果たしてほしいものです。

こういうケースをいろいろ目の当たりにしてきたので、管理職はなんのために存在するのかを考え直す必要があると感じています。今のままだと、社長の立場から見たら管理職をおく意味がありませんし、部下になる一般社員は管理職の給料の高さに理解と納得ができません。

管理職は部下から、給料に見合った働きをしていないと思われると働きを批判されます。しかし批判する社員も、給料が働きに見合っている／見合っていないを判断する明確な根拠をもっておらず、感覚的に判断しているに過ぎません。管理職の働きぶりを感覚で判断するのではなく明確な根拠で判断できるようにするためにも、管理職の存在意義に関する議論を社内で始めました。

そのなかで現在議論していることは、役職と給料を切り離すことです。私は、管理職への昇進と昇給をリンクさせないことにしました。給料は評価制度で決め、昇進は別のことで決めます。管理職は経験や結果を表す名誉のような扱いにし、過去の実績やこれまでの会社への貢献から決めるのが個人的な理想です。

存在意義については、管理職としての仕事をこなすこと以外の価値があればそれはいくらかと値付けをして、給料に反映するようにしました。ただ、管理職の存在意義はなくなりつつあるのが実情です。

例えば、一般的な会社の管理職の仕事として部下の残業時間管理があります。しかし私の会社では、2022年から部下の残業時間管理を管理職の仕事から外しました。現在、管理課にいる専任のプロフェッショナルが全社員の残業時間を管理しています。残業時間が増えると管理課から直接、社員にそのことを通知します。管理職を通さず直接社員に通知するので、管理職は部下の残業時間管理をする必要がなくなります。

残業時間管理を管理課のプロフェッショナルに任せるのは、規定の残業時間を超えると労使間で締結した三六協定違反になるからです。違反しないようにするには残業時間管理はプロフェッショナルに任せたほうが確実です。法律改正の対応もしないとならないので専門外の管理職に任せることに意味はありませんし、何より仕事に追われて法律を勉強する意欲が生まれません。

残業時間管理は三六協定に違反しないという目線と、安全衛生の目線の2つの目線で管理します。安全衛生の目線にはメンタルヘルスも含む健康の観点が入っていますので、2つの目線は同じではありません。どちらか一方の目線では問題がなかったとしても、もう一方では問題だととらえられることがあります。両方の目線から見たときに問題ないように管理するのが大変で煩雑なことと、法改正に対応するのが現実的ではないことから管理課で管理することにしました。改正を踏まえて法律を注視することに興味をもってもらうことが難しいですし、いちばん早く法律の改正をキャッチできるであろうプロフェッショナルのほうがそのための対応に思いをもって取り組んでくれるはずです。

人事評価についても、専門家をおいて社員の評価をしたほうがいいという話になっており、今後管理職の仕事から外すことにしています。人事評価できる管理職を複数人育成するよりも人事評価の専門家を1人おいたほうが、はるかに話が通じやすいからです。人事評価でコミュニケーションに関するミスが生じたら問題です。なおさら専門家をおいたほうがいいことになります。

私の会社の人事評価で特徴的なのが、チームによって評価方法を変えてもいいことにしているところです。仕事の種類が違いすぎるので一律の評価方法を運用するのに無理があるからです。チームの特色を理解し、チームごとに妥当な判断をして評価をすることにしていたのですが、管理職の理解度に差がありました。理解度の低い管理職のチームは部下の評価が低くなりがちです。管理課で評価の調整をしてもカバーしきれないところがありました。

そこで、人事評価でいちばんセンスがある管理職を管理課に異動させ、人事評価の専任者とすることを検討しました。その管理職は最初、人事評価の専任者になることを渋っていたのですが、別のチームの評価を見たところあまりにもバラつきが大きいことから、このままだとまずいと感じ人事評価の専任者になってくれることになりました。人事評価の専任者になってくれることになったチーム長は現在、過去の人事評価を全部見直しており、今後どうしていくべきかを検討してくれているところです。

管理職は一般的に、時間管理や部下のメンタルケアなどやらなければならないことが多岐にわたります。しかし、こうしたことを管理職になる前に経験していません。トレーニングする時間すら満足に与えられないできました。2、3日程度の管理職研修に派遣されても、社員のメンタルケアができるはずなどありません。

それまで優秀で高い技術をもった技術者などが管理職になった途端、慣れないマネジメント業務に忙殺されることは珍しくありません。今までやったことがないことを管理職になった途端に負わせることに対し、私は否定的な立場を取っています。部下のメンタルケアをしながら残業時間管理を行い、法律が改正されればそのことにも対応しなければならないのは、大きな負担でしかないからです。万が一部下が心を病んでしまえば管理職の責任が問われます。どの管理職もやることが多すぎるために、管理職同士で助け合いもできないです。これではマネジメントが非効率になります。

やることが多岐にわたり覚えなければならないことが膨大なので、1人の管理職が管理できる部下の数は限られます。だからといって社員を育てて管理職を増やすのは現実的ではありません。メンタルケアならメンタルケア、残業時間管理なら残業時間管理に特化させて専門家を育成するほうがよほど効率的です。

このように管理課は、仕事内容に応じた専任のプロをおいて業務を遂行しています。それにより製造や設計、品質保証など各課・室の管理職の仕事から残業時間管理、人事評価がなくなりました。現在抱えている案件の管理もチーム長ではなくその上の統括課長が担当しています。このままいけば、チーム長の役割は何も残らない心配すらあります。

唯一残る可能性がある管理職の役割があるとしたら、集めた社員の声を整理して会社に提出することだと思っています。今までのような会社の方針を部下に伝えるという役割とは正反対のものになります。管理職というよりは労働組合の委員長のようなものです。

人事評価や残業時間管理といった社員の管理は、それぞれの専門家が担うことにしたので、管理職の役割は部下を管理したり会社の方針を部下に伝えたりすることではなくなりました。今までは部下に対しトップダウン的な動き方をしてきましたが、今後はボトムアップ的な動き方をして経営に働きかけることが求められ、心の問題以外に関する社員の声を集めて経営に届けることが必要になる可能性があります。

管理職はやることが限られるので、技術者のほうが高い給料をもらうことになります。管理職の給料は一般社員より高くなければいけないとは考えていないので、それでもいいと思っています。ですから私は社員に、管理職を目指す必要はないと伝えています。

そのため、管理職がいなくてもチームは維持できるという想定もしています。肩書に関係なく責任をもってメンバーを統率していれば、チーム長という管理職は不要なのです。2025年に管理職をなくすことができる可能性もあります。

管理職に昇進する一般的な理由は、年功序列で順番が回ってきた、人事評価が高い、社業の発展に貢献した、などいろいろあります。しかし、これらは管理職にふさわしい資質や人物像などに言及していません。

どういう人物が管理職にふさわしいかというと、ものづくり企業の場合は技術以外に道を探さないと生き残っていけない人です。社内で大事にしてもらえる存在であれば、そのほかの資格は特に必要ないです。

もちろん、向き／不向きもあります。向いている人は最初からできるはずです。向いていない人は適性に合わないことをさせられることになるので、会社が期待した働きができません。向いていない人が精神に負担を感じながら管理職の仕事を続け一皮むける必要性も感じません。

逆に管理職にふさわしくないのが、仕事ができる技術者です。仕事ができる技術者は、技術を発揮できる場があれば生きていけます。生きる道として設計製造で技術を発揮し続けることがあってもいいですし、何より現場から離れると勘が鈍ります。私のイメージでは、1年以上現場から離れると事故を起こす可能性が高くなると思っているので、そういう人は現場には戻さないことにしています。久しぶりの現場で事故を起こしたりケガを負ってしまったりすれば、対策を講じ頑張っている安全衛生室の足を引っ張ることになってしまいます。管理職にするということは、元の仕事に戻せなくするということだと思います。社員の生き方や人生に関わる重大事項だということを理解しておくべきです。

仕事ができるからといって管理職に登用し、慣れない役割によって忙殺されるのは会社にとって損失でしかありません。優秀な技術者であればなおさらです。

管理職にするということは元の仕事に戻りづらくなるので、1年程度で管理職を降りることができないかの検討もしています。向いていなかったときに現場に戻りやすくなりますし、20代の若い社員が一度経験しておくと仕事に活かせることが見つかるかもしれません。

試しに体験できるぐらいの感じですが、実際の仕事量をその程度にしておかないと誰も管理職になりたがりません。特に管理職は、よほどの事情がない限り一度なってしまうと降りることが難しいように思います。

私の会社でも過去にチーム数が減ったことに伴いチーム長が降格になったことがあります。どんな事情であれ降格は当事者からしたらいい気はしませんし、会社としても後味が良くありません。こういう事態を避ける意味でも管理職の存在意義を見直したほうがいいと考えています。

## 入社後のミスマッチを防ぐため採用担当は専任

中小企業ではマンパワーが足りないことから専任の採用担当をおかないケースが多いです。しかし私の会社では、私が社長に就任して4カ月後の2015年10月に専任の採用担当をおきました。できるだけ早く専任の採用担当をおくつもりでしたが、縁もあり社長就任とほぼ同時に採用できました。

専任の採用担当をおくことにしたのは、採用は素人が手を出してはいけない領域だからです。採用はプロに任せないと会社の成長は見込めません。

親会社で管理部長をしていた頃、ほかの仕事をしながら採用担当もしていました。採用は自分が担当していたさまざまな仕事のうちの一つでしたので、これだけに時間を割くことはできません。時間は足りず、勉強する時間もありません。経験を積んだだけでどうにかなる仕事でもありません。

採用は会社の未来に関わる仕事ですから、何か別の仕事との兼務でこなせるようなものではありません。親会社時代に採用担当だった経験からこのように感じていたので、社長に就任したときから専任の採用担当を早く採用するつもりでいました。

採用担当は1人です。入社時教育の企画に少し関わる以外、仕事は採用に関することにほぼ特化しています。ほかの仕事は余力があるときに手伝うことがあるくらいです。人事に関与することはありません。

私の会社では採用は不定期で実施しているのですが、それでも採用担当の年間の仕事量は7割が採用に関することです。以前の採用担当者は時々、給与計算や労務関連の申請書類づくりを手伝っていたくらいです。

多くの受注を獲得できていることから社員を募集するときは設計者を募集することが多いですが、優秀な設計者はどのものづくり企業でも必要としているので争奪戦になります。設計者の採用は簡単ではありません。

そのため採用担当は、設計者の採用には時間がかかることを見越して社内の状況を見極めつつ早めに募集をかけます。仕事を探している設計者1人に対し5、6社の求人があるのはザラで、多いときでは7、8社の求人があります。ほかの職種だと比較的スムーズに採用できるのですが、設計者に関しては苦戦が強いられます。

専任の採用担当をおく前は、雇用のミスマッチが起こっていました。新卒社員が採用できても2年で退職してしまうのが普通の状態でした。

その頃の採用は親会社がグループ一括で行っていました。配属は親会社が決めるので、新卒社員を子会社である私の会社に配属することもありました。しかし配属される新卒社員からすると、面接で訪れた会社でもなければ見かけたことがある人が一人もいない会社に配属されることになります。職場になじめない、教育が足りない、仕事の割り当てが不明瞭、といった理由からミスを起こしがちになり、そのことを負担に感じて退職してしまうケースが多かったのです。

採用では最後に社長面接を行うのですが、この段階で不採用になることはほとんどありません。採用しないほうがいいと思った場合は、部下に「あなたが気に入っているのは分かりますが、この人だけは採用しないでください」と率直にお願いします。

採用で特徴的なことは、求職者によって面接回数が異なることです。入社後に思っていたのと違うと思わせないよう、本人が納得いくまで、求職者に会社のことが理解できるまで面接を行います。基本的には採用後に仕事をしてもらう職場の先輩とは顔を合わせるようにしています。

採用担当には入社後のミスマッチが起きないようお願いしているので、求職者が会社に対し疑問点などなくなるまで面接を重ねることになります。人によっては工場を全部回る人もいれば、1カ所見学するだけで終わる人もいます。面接回数はケース・バイ・ケースになり、私が行う最終面接まで何回面接しているのかは、まったく分かりません。私が採用面接で行うことは、会った社員の印象を聞いたり入社後に気をつけるべきことを挙げて大丈夫かどうかを確認したりする程度です。

雇用のミスマッチはどの会社でも起こり得ることですが、雇う側／雇われる側の双方に不幸な結果をもたらします。雇う側は会社に適した優秀な人材の採用機会を逸してしまったことになりますし、雇われる側は仕事や組織風土などになじめず会社にいづらくなって退職することになってしまいます。

私が採用担当をしていたときに、半日で辞めていった社員がいました。これは明らかに雇用のミスマッチであり、反省するべき結果であると考えています。

会社が成長を続けていくためには、優秀な人材を一人でも多く採用し能力を発揮し続けてもらうことが不可欠です。しかし、会社の組織風土や職場の雰囲気などに合わない人を採用してしまうと、せっかく採用しても長く定着してくれません。今後の事業の見通しなどを踏まえながら採用計画を立て会社の組織風土に合った優秀な人材を採用するには、人材の採用業務に長く携わってきたプロフェッショナルを採用専任者として社内におくことがまず重要だと考えています。

## 技術者の技術価値を正しく計る

私は技術者に対して敬意を払うことを社員に求めていますが、会社としては技術者が発揮する技術を正しく評価し処遇に反映させるようにしています。

技術の評価は、あらかじめ設定した評価項目ごとに点数付けをしたり、人の評価をしたりするのではなく、案件（プロジェクト）を評価するのが特徴です。案件の儲けを携わった人たちに分配するという考え方を採用しています。２０２０年に始めた2年間のトライアルを経て実運用を開始しました。

技術者は数々の案件を抱えています。案件ごとにどういう貢献をしたのか、どれだけ重要な役割を果たしたのかなどで評価が決まるので、ここでは経営理念が入り込む余地はありません。

1年分の案件評価の結果を累積していくと、技術者の頑張りや貢献度が分かります。

思ってもみなかった人が頑張ったことが分かることもあれば、意外と頑張りが足りなかった社員が誰かも分かります。

この評価制度を採用してから、仕事に前向きに取り組む技術者が増えています。自分が思っていたより評価されていると分かるとより頑張るようになりますし、逆に思ったほど頑張っておらず給料をもらいすぎていると自覚した人は奮起するようになりました。やることをやっていればしっかり評価してくれる、やらなかったら評価されないことが社員に伝わったので、やる気の向上につながりました。

こういう評価制度に変更した根底には、親会社時代の経験があります。管理部長として社員の評価・処遇を決める立場にいましたが、人間関係上の理由から「あの人はあの人より給料を高くしなければならない」といった調整が必要で、時にはミスを起こすこともありました。評価制度の仕組みとは関係ない余計な作業や、社員ごとに異なる手当の支給作業など、給料支給までの手続きが煩雑すぎました。

評価制度がしっかりしたものでないと、いちばん困るのは評価者です。評価される社員は評価に納得いかなければ怒っても仕方がありませんが、評価者は怒りを受け止めて対処しなければなりません。評価者は精神的につらい立場にあります。

評価者を守るには、評価者がほとんど考えなくてもよく自分の意思が反映されないようにすることです。好印象だから評価を上げる、嫌いだから評価を下げるといった評価者の意思が入り込む余地があると評価の公平性が損なわれ歪められてしまいます。

そういうことをなくすために、人そのものではなく関わっている案件での貢献度で評価することにしたのです。案件を評価することにだけ集中し公平性を保つことができれば、結果だけで評価できるようになるわけです。人ではなく案件を評価するので評価に恣意的な要素がなく公平性が担保されるうえに評価者も守られることになります。

案件は設計・溶接・組立などさまざまな工程がありますが、それぞれの価値を会社で決め評価前に必ず工程ごとの価値を宣言してもらいます。案件から得られた儲けは工程の価値ごとに分配されることになりますが、従事した技術者に平等に分配するか、高い技術を発揮してくれる技術者には多く分配するかといった分配の仕方も評価前の宣言で触れます。

工程の価値や儲けの分配方法が事前に宣言されるので、評価者が恣意的に評価を操作することができません。事前の宣言が証拠になるので操作してもばれるからです。

案件ごとに工程の価値を決め、得られた儲けの分配方法をどうするかを考えなければならないので、評価には手間と時間がかかります。しかし、ここは手をかけるべきところです。以前のように決まりきったものをつくるわけではなく、多種多様なものをつくるため、工程の価値や従事する技術者に求められる技術力などは一様ではありません。難しい作業があるような場合、それができる技術者には案件から得られた儲けのなかから多く分配するといったことを考えてもらいます。これが技術を正しく評価するということでもあります。

技術を正しく評価し処遇に反映するということは、自分も技術を身につければ高く処遇されるという希望がもてるということです。今高めるべき技術は何か、将来に向けて身につけておいたほうがいい技術は何かということが分かるので、技術力を高めるべく自ら研《けん》鑽《さん》を積むようになります。

社内でいちばん評価が高い技術者は30代の若い設計者なのですが、評価表を見るとほかの設計者では担当できないものばかり担当しています。関わっている案件は難易度が高く取引先から高い設計料をもらえるものしかなく、それを1人でこなしているほどです。ほかの設計者にはできない設計ができるので設計の価値の高い案件が任せられるわけです。

その設計者は2年ほど前から急激に成長し、評価を一気に上げました。今では自ら営業して案件を獲得してくるほか、教育資料の提供や改善提案も積極的にこなしてくれて、モチベーション高く仕事に取り組んでくれています。

逆に評価の低い設計者は時間単価で設計料が決まるものばかり担当しています。そういう設計者はいつまで経っても評価が上がらず取引先から高い設計料がもらえる仕事ができません。1つの設計を仮に100万円で受けたらどうすれば効率良くこなせるかを考えて仕事をする設計者のほうが、成績が伸びる傾向にあります。

何がきっかけになって能力が開花したりやる気が生まれたりするのかは、人それぞれです。社員の成長に年齢は関係なく、50代になって奮起する例もあります。会社としては社員を色眼鏡で見ることなく見守り、チャレンジしたり仕事に打ち込んだりすることができる環境を整えることが重要です。

私の会社には親会社からやって来た社員がいます。その社員は設計者で仕事ができずに移ってくることになりました。最初は散々な評価でしたが、上司が諦めずサポートしたことで、部品の手配や受け入れの仕事に適性があり、その部門で仕事をしてもらっています。高度な案件で必要な材料手配もしっかりこなしたので、社内の評価も一気に上がりました。

設計のイメージが強い会社なので、以前なら設計がダメならやっていけないところがありました。しかし、設計が向いていなくてもほかの仕事ができる場が会社にあったので、本人が自分の意思で別の仕事に移ることを決めることができました。彼にはそこでの仕事が合っていたわけですが、能力や適性の開花はいつでもできることを示してくれました。

一方、管理系の社員は今のところ職能資格制度を基に処遇していますが、管理系の社員の評価方法をどうするかは課題になっているところです。現在、仕事の内容をすべて洗い出し、仕事ごとに価値を明確にすることを検討しています。黒板に1年間の管理系の仕事すべてを貼り出し、そのなかから担当する仕事を申告した合計が年収になるというイメージです。

## 社長が不在でも重視すべき「三現主義」

ものづくり企業ではよく、事務所の人間は楽な環境で働いていると言われがちです。この発言の背景には、工場では滝のような汗をかくほど猛烈に暑い環境で作業しなければならないのに、事務所は冷房が効いていて涼しい環境で仕事ができる状況が羨ましいと思っていることがあります。

出勤することなく自宅でできるリモートワークが浸透するとさらに、事務所の人間は楽と思われがちです。しかし私はそれぞれの職業や職種にはやるべきことがあって、そのことで最大限の成果を発揮できる場所で働くべきだと考えています。これが私の考える現場になります。

溶接工が溶接の仕事をするとき、家でできるのであれば家で行えばいいですし、つくるものが使われる場所で溶接するのがいちばんいいという判断になれば、そこで溶接作業をするのが望ましいのです。自分がいちばん輝ける場所で仕事をするにあたっては現場に出向くこともあるでしょうから、そのときは現場に行けばいいのです。

間違っていると思うのは、意味もなく働く場所を限定することです。溶接工は工場で作業すること、といったように働く場所は限定するべきことではありません。工場で作業するのがベストだと判断したときは、工場で作業すればいいだけのことです。

ものづくり企業の社長が仕事する場所は工場と限定されたら、私は邪魔になってしまいます。工場の中を歩き慣れていませんし、分からないことも多いです。

仕事は最大限の成果を発揮できる場所でするべき、ということは常日頃から社員に向けて言っています。そのため、事務所の人間は楽といったものづくり企業での言われがちな不満は社内では見られません。

現場とは仕事で最大限の成果を発揮できる場所であると定義した場合、ものをつくる場所、施工・据付する場所だけが現場ではないことになります。人によって現場は異なるのです。仕事の内容や状況、進み具合に応じても現場は変わってくることになります。

現場に関する私の考えはこのとおりですが、ものづくり企業のなかには現場で現物を基に現実を認識して問題を解決する三現主義を実践する企業があります。トヨタ自動車や本田技研工業がその代表的な企業として挙げられます。

三現主義の考え方は、現場で現物を確認し、現実を直視することで問題解決に結びつける重要な手法です。特に、ものづくり企業ではその実践が欠かせません。社長が不在でも社員が自ら現場に出向き、現物を基に判断することで、全員が最大限の成果を発揮できる環境を整えることができます。こうして、社員一人ひとりが「自分の現場」で責任をもって仕事に取り組むことで、企業全体の強さが確立されるのです。

## 社長のスケジュールは社員のもの

もう長いこと在宅フルリモートワークで社長業をこなしているので、社員と何か話し合わなければならないときもオンラインで行っています。普段はこれが当たり前なのですが、時には社員から直接会って話をしたいともちかけられることがあります。こういうとき、私はできるだけ会社で社員と話をするようにしています。会ってまで話をしたいということは、何か深刻なことか伝わりにくいことを話したいからです。

自ら判断し自発的に行動する自走組織化が進みつつあるなか、社員が私に会うことを求めるのは何かよほどのことがあったのだと考えられます。よほどのことに直面した社員が私の考えを聞くなどしてそのことを解決したいと考えているのであれば、社長としてはその期待に応えるのは当然のことだと思っています。

そういう場合の話とは、社員との面談で明らかになった問題や会社の今後のことについて、といったようなことです。特に会社の今後のことについては話す機会が多く、呼び出した本人以外にも必要だと思われる社員も参加して話し合うことがあります。

社員に呼び出されて会社に行くのは1カ月に1回程度で、主に管理職が呼び出します。以前は、私がどうしても会社に行かなければならないときに合わせて話したいことがある社員がスケジュールを入れてくることもありました。社長のスケジュールは、社員のためにあるようなものです。

ただ最近は、社員から会社に呼び出され、直接会って話をするケースは減った印象があります。ウェブを介しオンライン上で話をするほうが話をしたいときにすぐできますし、社員も遠慮なく私を呼び出しやすいのではないかと思います。

## 情報は漏れなく公開

社長に就任した頃と現在で大きく異なることの一つに、社員への情報公開があります。以前は社内に設置した掲示板でしか会社から発信する情報を確認できませんでしたが、ウェブ上に掲示板をつくってそこに会社のお知らせなどアップするようにしました。客先への常駐社員が多く、社内の掲示板だけでは情報の伝達が不十分だったことから、いつ・どこにいても会社から発信する情報をチェックできるようにしました。

私はその全社システムにありとあらゆる情報を格納するようにしています。だからといって社員全員が材料費や日報に興味があるわけではありませんし「こうず庵」を読んでいるわけでもありません。情報の使い方も人それぞれです。情報を使うということは、入力されたデータを使って何かを判断したり分析したりすることです。使い方は人それぞれなので、情報は公開しなければならないものだといえます。

公開している情報は全員が見る必要はありません。しかし、全員が等しく必要な情報を得て会社のことについて判断できる環境を整備することは必要だと考えています。会議の場で、ある管理職が別の管理職に、あの情報はこのフォルダにあるといったことを話していることがあるので等しく使えている実感はあります。フラットな組織だからこそ、情報は皆に提供することにしています。情報を与えないと社員は意見をもつことができません。

それに私は社長として、社員には何事もオープンにすることを大切にしています。そのため、できるだけ多くの情報を公開しています。情報を公開することにはさまざまな効果があると思いますが、情報がオープンにされていることで社員はより的確な判断を下せるようになると考えています。

公開していない情報は社員の給料と個人情報、ＢＳ／ＰＬ程度です。管理職の存在意義とも関わりますが、仕事で忙しく部下にきちんと情報伝達がなされないことを防止する意味でも、情報はなんでも公開して管理職が部下に伝えるべき情報を減らしています。

よく驚かれますが、経営会議の資料すら公開しているほどです。ほかには「こうず庵」でも公表していますが、チームごとの月次決算で利益率や粗利なども分かるようにしていますし、管理課の予算実績と管理費の明細、業務のアウトソーシングなど管理課が企画していることの説明資料も公開しています。見ていい情報は見るべきであり、これが情報公開に関する基本姿勢になります。

ここまで情報公開を徹底しないと、社員は正しい判断ができません。管理職から聞いたといった伝聞情報だけで物事を判断すると、断片的になってしまうのでおそらく間違った判断をしてしまいます。社員が会社に関することで正しい判断をするには正確な情報に触れなければなりませんが、そのためには会社が正確な情報を見やすい状態で提供することが必要なのです。

自走組織づくりで大事なことは、社員が自ら判断することです。会社は社員があらゆることを判断できるようにする材料を提供するために、ほぼすべての情報にアクセスできるようにしたのです。

## 社員の残業時間は公表すべきか？

情報のなかには公表の是非を問うものもあります。そのことで現在議論になっているのが、全社員の残業時間の公表です。

社員の残業時間は絶対見るべき情報だと私は思っています。確かに残業が多い社員はいます。残業時間の公表に否定的な社員は、新人が残業時間の多さを見て驚いたり不安を覚えたりするのではないか、というのがその理由です。こんなに残業しなければならないのか……と感じる人もいるかもしれませんが、私からすればそう感じることがダメな理由が分かりません。むしろ、忙しい人がいることが分かれば助け合うようになると思ったので絶対公開するべきだと思っています。社員の給料や個人情報などは別ですが、すべての情報は開示されるべきという考えで進めている情報公開方針ともかけ離れてしまいます。

情報公開にはいくつかの要件を定めています。それは、全員が等しくアクセスできる、容易にアクセスできる、分析可能な状態である、の3点です。社員の残業時間を公開しないのは、全員が等しくアクセスできることに反します。

そこで先日、社内で社員の残業時間公表に関するアンケート調査を実施しました。その結果、「公表してほしい」が過半数の51％に達しました。「どちらでもよい」が37％で「公表してほしくない」が12％です。

アンケートでは回答者からコメントをもらっています。主だったものを紹介します。

●「公表してほしい」と回答した社員からのコメント

・各拠点の作業負荷を調整しながら作業の割り振りを行うため公表していただくと助かります

・同じチームでの個人差（業務の偏り）、他チームの忙しさの把握をして業務に活かせるので便利であると思っています。例えば同チーム、ある個人に対しての残業時間だけが突出して多ければその人から仕事を分けてもらったり、他チームであればその人以外に頼めることはほかの人にしたりするといった業務調整が可能です

・どこのチームが忙しいのか、誰に負荷がかかっているのかがすぐに分かるのがいいと思

います。生活残業をしている人など、いろいろと見えてくるので見たくない部分もありますが全体的には公表するのは必要だと考えます

## ●「どちらでもよい」と回答した社員からのコメント

・公表に関しては「良い部分」と「どうかな?」と思う部分があるので「どちらでもよい」とさせていただきました
公表が良い理由：業務の負荷状況を把握しやすい
公表が良くないと思う理由：新人が残業時間を見たときに、残業が多すぎても少なすぎても良い印象をもたなそう

・法定外時間外工数については管理職、安全衛生室、三六協定違反となりそうな社員は気にして見ると思いますが、それ以外の方は関心をもって見ていないのではないでしょうか。よって全体公表についてどちらでもよいと考えますが、公表しない場合は上記の方へ個別に連絡するシステムが必要だと考えます

●「公表してほしくない」と回答した社員からのコメント

・残業時間が多いと仕事をしているように思われるから

・ほかの人の業務量はあまり気にならないので、公表しなくてもいい。残業が多いからといって手伝おうかとかの声かけは一回ももらったことがない。管理職のみ把握していればいい。45 hrと78 hrのラインは管理課からのアナウンスを見ているので連絡は続けてほしい

社員の残業時間については公開を継続することにしました。公開に賛成という声がいちばん多かったからではなく「公表してほしくない」の声のなかに公表をやめるほどの理由が見当たらないからです。

「仕事をしているように思われる」という声については、残業を長くすれば何かしらの優遇が受けられるわけではなく、そういう優遇措置もありません。もし長く残業すればするほど優遇される措置があったとしたら、それは優遇すると判断したことに問題があるのであり、残業時間を公表するかしないかには関係ないことです。

「残業が多いからといって手伝おうかとかの声かけは一回ももらったことがない」という声については、影響を及ぼさない情報は公表するべきではないということになります。仕事を手伝ってくれるという影響がなかったら公表しなくてもいいというのは、理由としては適当ではありません。そもそも情報は多くの人にとって不必要だからです。

それぞれの社員で必要な情報は異なりますが、量の視点から見れば必要な情報量はせいぜい1割程度です。残り9割は不必要なデータということになりますが、誰かが不必要だと思った情報は、別の誰かから見れば必要な情報になることもあります。その逆に誰かにとって必要な情報は別の誰かから見れば、不必要な情報になることもあります。自分が見ないから公表しなくてもいい、という理屈は成り立ちません。情報公開はまず、全体公表が基本なのです。

それに、今は不必要だと思っている情報がいつか必要になることもあります。必要としたときにアクセスできないのは馬鹿げたことです。情報は使うことで価値を発揮するものであり、獲得するための準備に価値はありません。行動を起こしたいときに必要とする情報にすぐアクセスできるようにすることは、能力を最大限発揮するための環境として整えておくものだと考えています。

アクセス権の設定については、社員一人ひとりが必要とする情報が異なるため、その都度調整する手間がかかります。例えば、ある社員にとっては材料費のデータが重要であっても、別の社員にとっては日報のほうが必要だったり、あるいは特定の資料だけにアクセスできれば十分だったりします。このように業務内容や役割に応じて必要な情報が異なるため、個別に合わせたアクセス権の設定が必要となります。

さらに業務状況や業務内容が変わると、必要な情報も変わることがあります。例えば、普段は材料費のデータだけを確認していた社員が、業務の進行やプロジェクトの状況によって急に日報のデータも確認したくなることがあるかもしれません。このようなときには、アクセス権を見直して設定し直す必要が生じます。また、情報が不要になれば、その分アクセス権を削除する見直しも必要です。

それでは特定の情報だけ公開すればいいではないか、という意見があるかもしれません。しかしそのためには、誰にどの情報が必要なのかを判断する作業が発生します。さらに、社員ごとに異なるアクセス権を細かく設定するには、専任者が1人以上必要です。人手と時間をかけてそこまでする価値があるのかを考えなければなりません。

「管理職のみ把握していればいい」といった特定の人だけ知っていればいい、という声もありましたが、これは特定の人にアクセス権を設定するものです。アクセス権を設定するということは、その情報を特定の人だけしか知ってはいけない情報にすることです。管理職にだけ社員の残業時間のアクセス権を設定したら、絶対部下には話してはいけないことになります。

しかし、社員の残業時間はそこまで管理を厳しくする情報だとは思えないはずです。それではアクセス権の意味がなくなります。

公表の是非を問うきっかけとなった「新人が残業時間の多さを見て驚いたり不安を覚えたりする」という危惧については、担当する仕事の内容によっては残業が多いことを教育やOJT担当者が責任をもって説明することで解消できます。しかし、公表の仕方には一考の余地があります。掲示板がいいのか、フォルダに格納するのがいいのか、など公表方法はいろいろありますが、どうするかについてはまだ議論の余地のある問題です。

## 階層構造は複雑にせずシンプルに

情報にアクセスしやすくするため、掲示板のフォルダの構成も分かりやすくしています。複雑な階層にすると必要な情報に簡単にアクセスできなくなりますので、そうならないようにしています。掲示板内の情報をいちばん検索するのが私らしいので、私がすぐ見つけられないフォルダ構成はいけない、ということになります。階層を複雑にしないようにしたほか、不足しているフォルダもない状態なので、会社の情報にはアクセスしやすく検索性は高いです。

フォルダ構成は大きく2つに分かれています。全社員がアクセスできる情報を収めたものと、私と管理課しかアクセスできない財務や給与関係の情報を収めたものです。

全員がアクセスできる情報のフォルダ構成は、第一階層が安全衛生管理規定、品質管理規定、不適合処理表、システム関係、教育資料、災害事故対策報告書、管理系全社共通となっています。第二階層がある場合、安全衛生管理規定でいえば委員会資料、教育訓練資料、といった具合です。

第二階層のつくり方については特に決まりはありませんし、どんなに多くても階層は第三階層までです。フォルダをつくることができるのは管理課の2人だけに限定しているので無秩序に増やせないようになっています。

必要な情報にたどり着くには検索しやすいことも大切です。そのため、会社の情報と日々の業務に関する情報でサーバを分けることもしています。過去の経営会議の資料や管理費の明細、全社員の残業時間といったものは会社の情報に関するサーバ、設計データやそれに付随する資料類などは日々の業務に関するサーバに格納しています。すべての情報を1つのサーバで一括管理するとフォルダが増えてごちゃごちゃしてしまうので検索性を下げないために管理する情報ごとにサーバを分けました。

社員ごとに利用実態は異なりますが、情報公開はアクセスのしやすさや検索のしやすさも含めて利用しやすい環境づくりを進めてきました。今後は、社内にどういう情報を発信するかを企画・実施する社内広報をおく必要性も感じつつあります。社員のなかには勝手に掲示板に情報をアップする人がいます。規制を設け歯止めをかけていますが、掲示板をコントロールし見やすくする役割は集中して取り組まないとできないので、そういう意味でも社内広報という仕事は価値があり必要とされるかもしれないと考えています。

## 経営会議が不要になった

私がリモートワークを徹底したことで自ら判断して行動を起こす意識が定着したこと、全社レベルでの情報公開と共有が進んだことから、経営会議の存在意義も徐々に薄れていきました。2024年に私の会社では経営会議をやめました。

かつての経営会議は管理職にとって出席することが一つのステータスでした。しかし、以前と比べて情報公開と共有が進むなど会社が変わってきたことから、経営会議のメンバーもいつかはなくなるだろう、と予測していたことが分かりました。実際に廃止を表明した際も、反対意見はなく、スムーズに受け入れられました。これに代わり、現在では管理職と個別に話し合いを行う形に切り替えています。

以前の経営会議では何かにつけて過去の話に終始し、限られた時間でできるだけ長く未来の話をしたい私にとって不満の残るものでした。また、単なる報告会となっていた面も否めません。

しかし情報共有のやり方を全社で統一したので、報告会であれば経営会議の必要性はありません。現在行っている管理職との個別の話し合いでは、話のポイントを絞れるので、経営会議より有意義な時間にすることができています。

私は、自走組織づくりができれば管理職は不要になると考えています。情報をオープンにし、社員が個々に判断できる環境を整えることで、各自が最大限の力を発揮し、管理職に頼らなくても会社は強く成長していけるのです。

［第5章］

# 社会の変化に伴って
# 経営も形を変えていく
# 時代に合わせて
# バージョンアップを重ねる
# 「会社の自動運転」

## コロナ禍で古参がリモートを希望したのは追い風になった

2017年に私が出社から在宅フルリモートワークに切り替えたあと、同じような働き方をする社員は誰もいませんでした。社員は会社に出社し、各自の仕事をこなす働き方を続けました。溶接のように火花が飛ぶような作業があるところは工場でないと仕事をするのが難しいですが、そのような制約がない限りは各自が能力を発揮し最大限の成果が得られる場所であればどこで仕事をしても構いません。ただ、その頃の多くの社員にとって能力を発揮し最大限の成果が得られる場所は、今までどおり会社だったのだと思います。リモートワークを方針にするつもりはまったくなく、可能な社員は何がなんでもリモートワークにシフトさせる気もありませんでした。

リモートワークは働き方の選択肢の一つでしかありません。私がリモートワークについて言及するとそのつもりはなくても方針と受け取られかねないので、言うとしても通勤に時間がかかる社員や車を運転して通勤する高齢の社員といった特定の人に軽く、リモートワークという選択肢があることを勧めた程度です。

しかし、そのような状況も２０２０年に新型コロナウイルスの感染が拡大するまでのことでした。感染対策の観点から在宅リモートワークへのシフトが自然に進みました。できる社員は在宅リモートワークに切り替えるよう私が指示したりお願いしたりしたことはありません。社員から要望が多かったことから在宅勤務手当もつくり、対象者に支給することも始めました。

リモートワークへのシフトが進んだのは管理課や品質保証課といった管理系の社員でした。据付現場に出向くことがある設計課の設計者も自宅から直行するケースが増えました。設計者が据付現場に出向くのは、現場で何かあったときにすぐ対処しやすくするためです。

リモートワークが自然に進んだ一つの要因が、ノートＰＣへの切り替えです。すでに多くの拠点でノートＰＣに切り替わっていましたので、仕事環境を自宅に移すことが簡単にできました。ただ設計だけは、ＣＡＤ（設計に使うＩＴツール）が動かせるノートＰＣがなかったので、リモートワークを希望する社員は会社からデスクトップPCを自宅に持って行ってもらいました。現在は設計者も、会社で腰を据えて仕事をすると決めている人以外はCADが動かせるノートPCに更新しています。

意外だったのは、新しい働き方に興味や関心がありそうに見える若手社員よりも長年会社に出社して仕事をしてきた古参社員からリモートワークが進んだことでした。誰がリモートワークを始めるかはVPN接続（インターネット上の仮想的な専用線を介して行うネットワーク接続）ができるソフトのパソコンへのインストール状況から分かるのですが、最初は古参社員が多く若手社員はわずかでした。

古参社員は感染に対する恐怖や工場で作業しないとならない製造課の社員に気を遣ったことから、積極的にリモートワークにシフトしていきました。若手社員の場合は一人暮らしが多かったりしたことなどから当初はリモートワークに積極的ではありませんでしたが、感染したり結婚したりといったほか、上司がリモートワークを始めたことに気を遣いリモートワークへのシフトが進みました。

若手社員、特に設計者は、仕事にまじめで、ものをつくっている現場を大事に思っているところがあったので、仕事は会社でするものという意識が比較的強いです。古参社員に比べると若手社員がリモートワークに移行するのがゆっくりだったのは意外ではありましたが、不思議ではありませんでした。

社長としては、いつか在宅勤務をせざるを得なくなったときに大変な思いをするので経験してほしいとは思っていました。ただ、リモートワークは楽ではないことも伝えています。自宅にこもりみんなと離れて仕事をしているとコミュニケーションが取れず孤独な状況におかれるので心を病みやすいところがあるからです。リモートワークから出社に戻った社員もいるほどです。

必要なツールを用意する手間がかかることから、以前はリモートワークをする際は実施する期間などを事前申請することになっていましたが、現在は事前申請を不要にしています。そのおかげもあり、手間がかからず気兼ねすることもなくリモートワークができるようになっています。在宅勤務手当の支給対象になっている社員の割合は、20％程度です。

在宅勤務の申請については現在、新入社員が初めて実施するときぐらいです。

家族が病気になったことが理由でリモートワークをするような場合だと治るまでやるのが本来の姿ですので、期限を決めて申請するのは本末転倒でしかありません。期限を迎えるたびに申請するのは社員からしたら面倒ですし、勤怠を管理する側から見ても煩雑になるので、あまりいいことはありません。

## 手形のハンコだけは自分で押すしかない

在宅フルリモートワークにシフトしても支払手形への押印のため、実は月1回は出社しています。以前は小切手と受取手形への押印もありましたが、これらは現在なくなっています。

支払手形への押印は社員には荷が重く私でないとできません。手形を切るのは支払額が100万円を超える場合といった一定の縛りがあるのですが、額が高額ですので何か問題があった場合の責任が重くなることから、手形の押印だけは私が出社してやるようにしています。

現在は手形を切る条件を支払額が２００万円や３００万円を超える場合といったように厳しくしており、銀行振込への変更を進めています。私の見立てでは、手形を全部やめて銀行振込に移行しても問題はありません。やめようと思えばすぐやめることはできるはずですが、一気にやめるとキャッシュフローが変わってしまうので管理課はその影響をシミュレーションしながら慎重に見極めているところです。

月によっては支払が３０００万円や４０００万円になったりすることもありますし、1億円になることもザラです。高い部材を仕入れなければならないことが続くと支払額が一気にはね上がります。支払額が少ないときと多いときで4倍近く差があり波があるのは管理課からすれば不安があります。判断が慎重になるのも無理はありません。

手形の廃止時期に関しては管理課の判断を尊重するので、どのような提案があがってきても受け入れるつもりです。今すぐやめる、という提案があっても受け入れます。２０２４年中になくなればいいと思っていますが、２０２５年末までには確実になくなる見込みです。

手形への押印がなくなったあとは、出社は不定期になります。会社に来るのは、直接会って話したいことがあるといったお願いが社員からあったときなどだけです。

## 全員が「役割を果たすためのベストな場所」で働けるように

私は働く場所について、自分の能力を発揮して最大限の成果を上げることができる場所で働くべきだと考えています。そこが各自の役割を果たすためにベストな場所だからです。それが自宅であれば自宅、会社であれば会社、据付工事が行われる場所であれば工事現場で仕事をすればいいのです。

私が在宅フルリモートワークを継続しているのは、自宅が自分の役割を果たせるベストな場所であり続けているからです。報告や提案を受けたり経営会議に参加したりするほか、社員と議論したりコミュニケーションを取ったりすることはなんら問題なくできており、社長としての役割を果たすことができています。

社員を見ていても、自分の役割が果たせるベストな場所で働くようにした人が多くなったように見えます。

あるとき、設計課のとあるチームで会社に集まって仕事をしようという話が出たことがあったのですが、チームメンバーは家庭の事情や通勤に時間がかかるといった理由からほとんどが断ったといいます。そのチームのメンバーの意思表示は私には、自分の役割が果たせるベストな場所を選びとって仕事をすることができているように見えました。社員が自分の役割を果たせる場所で働くことについては心配なことはなく、安心して見ていられるようになりました。

設計者には2021年頃、働きたいと思える場所で働いてよいと話したら、みんな製作中の製品がある場所で仕事をするようになりました。それまで仕事は会社に来てするものだと思い込んでいたのが、会社に誰もいなくても差し支えないことが分かると、ほとんどの設計者は会社に来なくなりました。仕事状況に応じて働く場所を変えるようになったので、設計者にとって自分の役割を果たせる場所は製品が据え付けられる現場だということがよく実感できました。設計者は現在、ほぼ本社には来ないです。

そのほかの部署、例えば管理課などは全員が会社にいることはかなり少ないです。月の前半出社する組と後半に出社する組に分け、誰かは必ず会社にいるよう調整はされています。

品質保証課の場合は設計課と同じようにほぼ全員出社しない時期があったのですが、現在は1日1回会社に集まってミーティングで情報を共有するようになりました。検査結果が悪くやり直しの工程が発生することの対応が急遽《きゅうきょ》起こり得ることから情報の共有が重要だという結論になり、いったん会社に集まってミーティングは実施するようになりました。業務の性格もありますがこれは自ら決めたことであり、自分の役割を果たせるベストな場所を選択した結果です。ただ、会社に集まるといっても朝出社して1時間もしたらほぼ全員いなくなります。

会社に来て仕事をするのが当たり前だったのが、各自が製品の据付現場なり自宅なりでリモートワークをするようになると、取引先も会社に連絡するより社員個人に直接連絡するようになります。社員個人と取引先との関係性が良く円滑なコミュニケーションができるかどうかが、仕事の成否に影響しやすいです。

私たちの業界は以前から、会社が選ばれているというよりはそこで仕事をしている個々の技術者が選ばれる側面が強いです。あの設計者がいい、といった指名を受けることが多く、取引先からするとその設計者がいるから私たちの会社に発注してくれることがあります。

こういう業界特性もあり、社長に就任してからすぐ会社の携帯電話を持たせるようにしました。設計者個人が選ばれるわけですから、取引先は会社と話をしたいのではなく設計者個人と話をしたいのです。現在は必要としている人ほぼ全員に会社が携帯電話を持たせており、拠点によっては固定電話を置いていないところもあります。本社の固定電話も減らしており、契約している回線数も2回線程度しかありません。代表番号にもほとんど電話はかかってきません。

## 60歳をすぎても働きたい

2021年に施行された改正高年齢者雇用安定法により、同年4月1日から企業は希望者全員に65歳まで雇用を確保することが義務化されています。私の会社では定年を迎えても残って働き続けることができるようにしており、60歳をすぎたら自分で働く日や時間を自由に決めることができます。

私が社長に就任してから、60歳で定年を迎えたあと引退した人はいないはずです。60歳をすぎても残る社員がほとんどで、60歳から65歳までの間なら、フルタイム勤務と1日6時間・週3、4日勤務の人の割合が半々程度になります。65歳を超えると年金の関係などから、勤務日数や勤務時間は減る傾向にあります。

社員に聞くと、60歳をすぎても65歳をすぎても、会社に残って仕事を続けたいという答えしか返ってきません。現場が好きな人が多いので、定年が来たからひと区切りつけて引退するという考えはないということです。

50代の社員までは定年後も会社に残って仕事を続けたいという意思をもっている人が圧倒的に多いのですが、40代以下の社員は自分が60歳を迎えたときにどうするかは悩んでいるように見えます。40代はやや悟っているように見受けられるので、50代と40代の間には考え方についてのぼんやりとした境界があるように思えます。

40代を見ていると、仕事を大事に考えていることがうかがえます。その裏返しで趣味をもっている人が多いです。趣味を続けるためにも仕事を大切にし、まじめに取り組んでいるところがあります。

これに対して60歳を超えると趣味がない人が多く見られます。仕事を引退したら何もすることがなくなってしまいます。仕事を続けるにしても少しセーブしてフリーの日に引退後にやりたいことを見つけ、徐々に仕事を減らしながら引退するといったことも考えていく必要があると思っている印象です。

管理系のトップの社員はもともと60歳の定年を機に仕事を辞め自由気ままに暮らすつもりでしたが、コロナ禍でリモートワークを経験したことで方針を転換し会社に残ることを決めました。家でも普通に仕事ができるし、役割が果たせるベストな場所だったらどこでも仕事をしていいことが実感できたからです。仕事は会社でするもの、というのは思い込みの一種であり、どこでも仕事をすることができる環境が整っていたことがコロナ禍のリモートワークで分かったのだと思います。その人は週4日勤務しており、会社に来るのは週1日あるかどうかです。

その人によれば、ウィークデーに1日休みができたことで人生が変わったそうです。病院に行くのも会社に気兼ねすることなく行けるようになりましたし、母親の面倒を見ながら自分の好きなことができるようになりました。なおかつ仕事ができる環境ですので、今までの働き方では実現できないことができたわけです。

ウィークデーにフリーな日が必ずできることには、生活が一気に変わる可能性を秘めています。週末に混むところに行く必要がなくなったり時間に余裕ができ好きなことややりたいことができるようになったりします。60歳をすぎた社員にはウィークデーに仕事をしない日を1日つくったほうがいい、ということを言っています。

私自身もウィークデーにフリーな日ができることを大事にしたいほうなので、土日は可能な限り外に出ないようにしているほどです。ウィークデーにフリーな日をつくるなら有給休暇を取ればいいのでは、と多くの人は思うかもしれませんが、1日ではダメです。来週も再来週もそういう日があるという安心感があることが重要です。有給休暇を取ってやりたいことをしようと思ったら、子どもが突然病気になったなど不測の事態が起きた場合には諦めなければなりませんが、毎週常にウィークデーにフリーな日があれば延期すればいいだけです。

リモートワークができる環境と働く日数や時間を自由に決められる社内制度により、その人は現在も働く意欲にあふれています。まだ会社にいてもいいですか、と聞いてきたこともあったほどです。

これまで在籍していた社員でいちばんの高齢者は75歳です。高齢者が安心して働けるようにするために唯一気にしていることが安全衛生になります。75歳でも技術は発揮できますが、一定の年齢を超えると高所作業はしてはいけないといったルールづくりや、高所とは高さ何メートル以上を指すといった定義を安全衛生室で考えてもらっているところです。数年後には65歳を超える社員が出てきますので、そこまでに高齢者の作業に関する安全衛生上のルールづくりを終えるつもりです。

現場の職人のなかには、持病により長時間の作業が困難であろうと作業を継続している方がいます。

溶接のような現場の作業が好きな人は体の自由が利かなくなってきても頑張って仕事に励むところがあります。高齢であったり体が不自由であったりしても安全かつ体に負担がかからない作業ができるよう、作業環境を見直したり作業時のルールを決めたりする必要があります。

高齢化社会がますます進むことなどから60歳をすぎても働くことを希望する社員はあとを絶たないはずです。作業環境を整えるにあたり安全衛生室の役割はますます大きくなります。同時に若手社員の安全や健康にも配慮し、体に負担のかかる姿勢を取らないで済むような作業ができるようにすることなども並行して進められればと思っています。

## 大学で勉強し直し学生に教えたい

働き方は会社や社会の状況、個人的な事情によって変わります。在宅フルリモートで社長業をこなしながら子育てもしていますが、子育てが一段落したら自由な時間が増えるので間違いなく働き方は変わることになります。増えた自由な時間は仕事にあてることにしますが、会社で何かするつもりはありません。時間ができたからという理由で会社に行ったら自分の仕事を探したりつくったりしてしまうでしょうし、そういうことは会社にとってはムダなことでしかないと思っているからです。

こういう理由から今後も現在のような働き方が基本になります。子育てから手が離れ自由な時間ができるようになったら別のことをしようと考えているところです。

実現できるかどうかは分かりませんが、やりたい事業とやりたいことがあります。やりたい事業はまだ明かせませんが、やりたいことは大学で勉強することです。

大学に行って勉強したいのは、組織について経営者として考えてきたことや実践してきたことについて学術的な面からとらえ直したいからです。ＭＢＡ（経営学修士）を取得したほうがいいのかも含め、どこで学ぶのがベストなのか、何がいちばんの近道なのかを調べているところです。

可能であれば大学の教壇に立ち、学生に会社の組織論やこれに付随することを教えられればと思っています。これらを学術的な観点からとらえると大きな学びが得られるはずです。経営学か社会学のどちらかになると見ていますが、どちらになるのかがはっきりしないので、教壇に立って学生に教えることができるようになるいちばんの近道を探っています。

私は2025年で43歳になりますが、45歳になる頃までに大学に進学できればと思っています。45歳になったとき、全社員の前で社長としてできることが全部終わったと話をするつもりです。この件を話し終わったあと、もしくはその1年ほど前から大学に通って勉強できるのがいちばん望ましいです。

社長としてやらなければならないことは、今後3年以内に終わる見通しです。終わったら引退するわけではありませんが、社長として話せる最後のことを話そうと思っています。この話をしたあと、私は社長というよりは会社のアナリストという立ち位置になり、社内にあるもろもろの仕組みから得られる情報を基に会社の状況を分析し、現状を伝えていく役割に徹するつもりです。私から発することは会社に対するアドバイスや助言になります。

ただ、社長としてやらなければならないこと、話さなければならないことが45歳でなくなったからといって、社長を辞任するわけではなく自ら申し出ることもありません。親会社の社長をしている私の長兄の判断に従うだけです。立ち位置は一緒ですが、長兄がグループ全体を見る立場であり、社長交代を決めるのは長兄というのが私の認識です。

ひょっとしたら、いつまでも社長をやり続けなければならなくなるかもしれません。しかし、いつ交代してもいいように準備しておくことは社長の役割だと考えています。

## 大学は企業の人材育成を担う場ではない

大学で再び学びたい意思をもっている私ですが、企業と大学の関係で思うことがあります。それは、企業は大学に対して企業で役に立つ人材を育てることを強く求めすぎているということです。社会に出たらコミュニケーション能力など幅広い能力が必要とされるのは確かですが、社会からいちばんかけ離れた存在である大学でコミュニケーション能力が育つわけがありません。

大学は一つの分野を究めるために時間を惜しむことなく学ぶところです。時間を無視して土日関係なく研究することは、社会に出たらできません。だから浮世離れした存在であり、コミュニケーション能力を育てるところではないのです。コミュニケーション能力が大事なら、コミュニケーション能力が育つところではない大学から採用するべきではありません。企業は自分たちの教育不足の言い訳に、大学をもち出しているようにしか見えません。

企業が専門を究めた学生を採用し、その専門を思う存分活かせる仕事に従事させるのであれば納得はできます。しかし現実はそんなことはなく、専門を無視した配属を行ったり仕事を与えたりしているケースのほうが多く見られます。

大学も企業の求めに応じて企業側に歩み寄り学生を企業が望む学生に育てようとしているところがあります。親子面談を行うところもあるほどです。大学教授をしている私の次兄は、親子面談をしなければいけないことに怒っているほどです。大学本来の目的などからしたら、企業に歩み寄るのはおかしな話です。大学に進学することは企業に就職するためだとは考えていません。

自分が大学院まで進んだことがあるからかもしれませんが、大学に行くということは基本的に、博士後期課程まで進み、その学術を社会へ発揮することが王道だと思っています。大学院に進学せず4年で卒業して企業に就職することが王道ではありません。大学は本来、それくらい浮世離れしたところです。

私は大学院に進みましたが修士課程を終えて就職したのでドロップアウトしたほうです。博士後期課程に進んで博士号を取得することなど絶対無理でした。修士課程を終え企業に就職したのも、博士後期課程に進むことから逃げるためでした。

## 理想の自走組織と現在の自走組織の違い

2025年で社長就任から10年になります。この間、時間をかけて自走組織をつくってきました。それまでと違い細かいことまで指示命令せず何も決めないことに徹し、現場のことをいちばんよく知っている社員に決断を任せ行動させることから始めました。その後、会社にとって絶対的な存在の経営理念をつくり、現在は困ったときの判断のよりどころとして定着しています。社内の全員がブレることなく意思決定と行動ができるようになりました。管理系の評価制度以外は仕組みの構築も終了しています。

自走組織づくりでは、会社にとって絶対的なルールや仕組みを社員たちが絶対的と思えるかどうかがカギになります。この点については、かなりできています。与えられた方針などについて正しく理解して行動に移しきちんと成果を出しています。

ただ、組織の自走化を実現するには重要なポストである各部門の責任者が判断できる状態になっていないといけません。自分が管理している組織にとって絶対必要な判断をしている状態が自走組織の理想的な状態ですが、ここがまだ物足りないです。管理者が決めないケースが見られることもありますし、判断しても組織にとってはまずいというケースもあります。各部門の管理者のなかに判断できない、もしくは今後も判断しない人がいます。

管理者を変えないと自走組織の実現は難しいのが現状です。しかし、人を変えることはできないかもしれません。それほど難しいことをしようとしているので、現在の自走組織は理想的な状態の半分程度の完成度しかないと思われます。

管理者を判断できる人に交代すれば自走組織は実現すると思います。しかし、管理者の交代で実現したらそれは自走化できたといってもいいのか？　といった疑問が残ります。

ひょっとしたら、私は望みすぎているのかもしれません。判断が多少ずれていたとしても判断さえしてくれれば自走化できていると判断できます。望みすぎると負担に感じられてしまうからです。


最近もある管理者に、管理職から降りることを持ちかけました。管理者に選んだときから自分の組織にとって絶対必要な判断をするのが難しそうで管理者に向いていないと感じていたからです。そのことを伝えたうえで負荷を感じていないか、管理者に向いていないと感じていないか、といったことを尋ねました。懸念していることを話しておかないと、社長としての責任を果たすことができないためです。

## 内部監査の独立と情報管理者の新設

現在、会社の組織は大きく5つの部門があり、重要ポストは7人です。5つの部門の部門長以外は内部監査員と情報管理者です。情報管理者はこれから専任をおきたい考えですが、内部監査員はいずれ管理課から独立させるつもりです。

内部監査員は社内で重要な役割を果たしており、情報管理者はこれから果たすことになると思われますが、現状では課題があったりするので45歳までになんとかできればと思っているところです。

内部監査員は社内でいちばんといってもいいほど社内全体を見回し役割を果たさなければなりませんが、広く見渡せる立場にありながらなかなか社内で変化を起こせていません。テーマを与えてもそのことに関する議論の仕方などが、私が満足できるレベルに達していないこともあります。

また監査するとき、往々にして被監査側が監査事項から徐々にずれたことを言うようになるものですが、そのことへの対応にも苦慮しています。論理がずれている、目的と手段を混同しているといった指摘を私から受けることが多く、その議論によって何が変わったのかという指摘もされます。

情報管理者は社内広報のことです。社内の人間にどういう情報を流すかといったことを企画、実行する立場にあります。社員への情報伝達を公平に行うには情報管理に特化した専任者をおいたほうがいいとの考えから、適任者を専任に据えることができないかと考えているところです。社員にとって今必要な情報は何かといった視点からの判断が求められるので、内部監査員同様広く社内を見渡せる視野の広さが欠かせないです。

情報管理者は社内に適任者が見当たりません。経験よりはスキルや素質のほうが重要に思えますので、今のところは外部で探してこようと思っています。

内部監査員も本来的には社内で育つというよりスキルや素質のほうが重要です。外部で探すほうが現実的なところがあります。社内から選ぶと、知っているがゆえに被監査側に引っ張られてしまいかねないので、いかなる状況であっても公平中立が守れるスキルをもっている適任者がいれば内部監査員を外部から採用することもアリだと考えています。

会社を指示命令型のマネジメントで成り立つ組織から社員が自ら判断し自発的に行動できるようにする自走組織にするための歩みやこれまで取り組んできたことを述べてきました。私の会社ではこうした取り組みが必要でしたが、会社によって自走組織化するために必要なことは異なるはずです。自社の自走組織化を目指す場合、ここに述べたことを参考にしつつ自社に必要とされることを実践してほしいと思います。

# おわりに

先代である私の父が社長だった頃、社員のことを「なんでもかんでも聞いてきよる」と言っていたことがあります。これは社員のことを褒めて言ったことではなく、困ったと思って言ったことです。

以前の社員は事あるごとにおうかがいを立てたり許可を求めたりしていました。机やイスのような備品一つ買うのでさえ社長の許可を求めていたぐらいですから、そう思うのも無理はありません。今の会社の姿から見ると父が社長時代の会社の姿は別の会社か？と思えるほどです。

些細なことにまでおうかがいをたててくるので、先代社長の父がこう嘆くのも分からないでもありません。しかし、社長が答えてしまうから社員は些細なことの判断まで求めるようになってしまったのです。

親会社にいた頃からこういう状況であったことは知っていましたが、上司が部下に指示命令を出すマネジメントはどこでも行われています。社長が役員に、役員が管理職に、管理職が社員に、といった具合に、どこの会社でも上司から部下への指示命令があらゆるところで行われます。部下は指示命令のとおり動くことが前提ですので、自分で考えて行動したり判断を下したりする自主性は必要ありません。

私には指示命令型のマネジメントを行うつもりはありませんでした。設計や製造、品質保証といったものづくりに関することはまったく分かりませんし、現場での作業経験もありませんので、それに関する問題や課題に対する判断を求められても判断できないです。ものづくりの現場で何か問題が発生したときは仕事をいちばん理解している人が判断してくれないと、いつまで経っても問題は解決しません。備品購入の判断も、それが必要かどうかの判断が適切に行えるのは社長ではなく実際に使う社員のはずなので、社員に任せてしまえばいいのです。

会社のなかで常に適切な判断ができる人は、社長や管理職だけではありません。時と場合によっては一般社員でもそれが可能です。

社長になんでも判断を仰いでいた社員が、私が社長に就任して何も決めないようにしたことにより自分で考えて行動したり判断したりすることができるようになったのは、社員はもともとこれらのことができる人だったからだと考えています。自分で考えて行動したり判断したりすることが求められる環境になかったからしなかっただけです。指示命令されることなく自分で考えて行動することや自分の判断に基づいて行動することができる権限や裁量が自分にはあることが自覚できれば、もっている能力を十二分に発揮できるようになるはずです。

人材育成の観点から見ても、指示命令型のマネジメントには社員の成長機会を奪うという問題があるように感じます。指示どおりに動いてくれる人間を育成するのであればいいのかもしれませんが、会社の未来を担う人材は指示待ち人間ではありません。時代の変化に合わせて自発的に行動し会社を変えていける人材が求められます。

そういう人材は、会社の方針や経営理念に沿っていれば指示がなくても自分で判断でき自発的に行動に移せます。指示待ち人間とは違い社長のマインドに近い人材が会社の未来を担うととらえています。

私が目指した自走組織は社員が考えて自発的に行動することと、状況に応じた判断を社員一人ひとりに求めます。これらができるよう権限や裁量も与え、社長である私は何も決めず社員の決めたことを尊重して受け入れることに徹しました。自分で考えて行動できる機会と場を用意することは、自らの意思で会社の方針や経営理念に沿った行動が取れる人間を育てることです。

本書をまとめるにあたり意識したことは、社長が在宅フルリモートワークすることとリモートワークのシステムを構築することで自走組織ができると誤解をさせないことでした。随所に在宅フルリモートワークという言葉が出てきますが、我ながらインパクトの強い言葉だと思っています。インパクトが強いので、どんなシステムを構築したのか、どんなツールを使っているのか、といったことにできるだけ焦点が当たらないように配慮したつもりです。同じようなシステムを構築し同じようなツールを使えば自走組織が実現するわけではありません。

リモートワークは自走組織を実現するために活用したにすぎません。役割を果たすためにベストな場所で働くべきという考えなので、会社以外の場所で自由に働ける環境を整え、自ら率先して活用しただけのことです。

経営理念の制定など、自走組織はさまざまな取り組みの積み重ねによって実現していま
す。まだ理想には到達していませんが、少しでも理想に近づけるよう45歳までは自分の役
割である環境を整えることに専念したいと思います。

最後に、本書を作成するにあたってはさまざまなご協力をいただきました。特に、会社
名を使用することを許可してくれた長兄、書籍作成の経験をもとに書籍をつくることへの
心構えを教えてくれた次兄、二人の助力や後押しがなければ本書を作成する決断に至らな
かったと思います。おかげで、より深く本音を書き記すことができました。ここに深く感
謝を申し上げます。

平井康介（ひらい　こうすけ）

1982年兵庫県生まれ。

2005年神戸大学を卒業し同大大学院自然科学研究科に入学。2007年に修士課程修了後、双日システムズ株式会社へ入社。プログラマーとして活躍した。

2010年祖父が作った株式会社水登社へ入社し、すぐに管理部長になる。

2015年に株式会社セックの社長に就任。

経営方針の根幹は「社長が不必要な会社を作る」ということ。

本書についての
ご意見・ご感想はコチラ

**僕がフルリモートで会社を経営する理由**

二〇二五年二月一九日　第一刷発行

著　者　平井康介
発行人　久保田貴幸
発行元　株式会社　幻冬舎メディアコンサルティング
〒一五一-〇〇五一　東京都渋谷区千駄ヶ谷四-九-七
電話　〇三-五四一一-六四四〇（編集）
発売元　株式会社　幻冬舎
〒一五一-〇〇五一　東京都渋谷区千駄ヶ谷四-九-七
電話　〇三-五四一一-六二二二（営業）
印刷・製本　中央精版印刷株式会社
装　丁　村上次郎

検印廃止

Printed in Japan　ISBN 978-4-344-94883-9　C0234
幻冬舎メディアコンサルティングHP　https://www.gentosha-mc.com/